Constituição e Ciências Criminais

Estudos em homenagem aos 15 anos da
Fundação Escola Superior da Defensoria Pública
do Rio Grande do Sul

Conselho Editorial
André Luís Callegari
Carlos Alberto Molinaro
Daniel Francisco Mitidiero
Darci Guimarães Ribeiro
Draiton Gonzaga de Souza
Elaine Harzheim Macedo
Eugênio Facchini Neto
Giovani Agostini Saavedra
Ingo Wolfgang Sarlet
Jose Luis Bolzan de Morais
José Maria Rosa Tesheiner
Leandro Paulsen
Lenio Luiz Streck
Paulo Antônio Caliendo Velloso da Silveira

C758   Constituição e ciências criminais: estudos em homenagem aos 15 anos
da Fundação Escola Superior da Defensoria Pública do Rio Grande
do Sul / André Luís Callegari, Lisandro Luís Wottrich, Anderson
Vichinkeski Teixeira, organizadores; Álvaro Roberto Antanavicius
Fernandes ... [et al.]. – Porto Alegre: Livraria do Advogado Editora,
2015.

151 p.; 23 cm.

Inclui bibliografia.

ISBN 978-85-7348-951-4

1. Direito penal. 2. Constituição. 3. Direitos humanos. I. Callegari,
André Luís. II. Wottrich, Lisandro Luís. III. Teixeira, Anderson Vichinkeski. IV. Fernandes, Álvaro Roberto Antanavicius.

CDU 343:342.4

CDD 345

Índice para catálogo sistemático:

1. Direito penal: Constituição   343:342.4

(Bibliotecária responsável: Sabrina Leal Araujo – CRB 10/1507)

André Luís Callegari
Lisandro Luís Wottrich
Anderson Vichinkeski Teixeira
Organizadores

Constituição e Ciências Criminais

Estudos em homenagem aos 15 anos da
Fundação Escola Superior da Defensoria Pública
do Rio Grande do Sul

Álvaro Roberto Antanavicius Fernandes
Anderson Vichinkeski Teixeira
André Luís Callegari
Elisangela Melo Reghelin
Lenio Luiz Streck
Lisandro Luís Wottrich
Marcos Vinicius Martins
Mariana Py Muniz Cappellari

Porto Alegre, 2015

©

Álvaro Roberto Antanavicius Fernandes
Anderson Vichinkeski Teixeira
André Luís Callegari
Elisangela Melo Reghelin
Lenio Luiz Streck
Lisandro Luís Wottrich
Marcos Vinicius Martins
Mariana Py Muniz Cappellari
2015

Capa, projeto gráfico e diagramação
Livraria do Advogado Editora

Revisão
Rosane Marques Borba

Direitos desta edição reservados por
Livraria do Advogado Editora Ltda.
Rua Riachuelo, 1300
90010-273 Porto Alegre RS
Fone/fax: 0800-51-7522
editora@livrariadoadvogado.com.br
www.doadvogado.com.br

Impresso no Brasil / Printed in Brazil

Sumário

Apresentação...7

1. A hermenêutica jurídica no Estado Democrático de Direito: como olhar o novo com os olhos do novo?
Lenio Luiz Streck..9

2. A prisão perpétua (e a fraude de etiquetas) no futuro Código Penal espanhol
André Luís Callegari e *Elisangela Melo Reghelin*.............................19

3. Princípios penais constitucionais: uma abordagem crítica e atual
Marcos Vinicius Martins..45

4. Garantias processuais penais e a Constituição Federal
Lisandro Luís Wottrich..65

5. Crime político: amplitude conceitual e relação com o terrorismo
Anderson Vichinkeski Teixeira..85

6. A validade dos elementos coletados pelo agente infiltrado em face ao princípio do contraditório: uma análise a partir do ordenamento jurídico-constitucional de Portugal
Álvaro Roberto Antanavicius Fernandes..97

7. Constituição, Direito Penal e jurisdição internacional
Mariana Py Muniz Cappellari..129

Apresentação

A "Escola da Defensoria" cresceu, completou 15 anos. Cresceu e apareceu. De um sonho de um grupo de Defensores Públicos, virou realidade, na esteira da própria Defensoria Pública, que aos poucos conquistou seu espaço para tornar-se, na era dos direitos de Bobbio, a instituição que mais atua na defesa e efetivação dos direitos humanos. A Fundação Escola Superior da Defensoria Pública, a FESDEP, gaúcha da gema, é o fruto de um esforço inesquecível em criar algo que fosse não apenas histórico, mas por demais importante na formação de novos defensores dos direitos humanos e mesmo na lapidação dos então defensores de tão preciosos direitos. Criada pelos já famosos "instituidores", em 26 de fevereiro de 1999, hoje emparceira-se com as maiores e mais importantes universidades e faculdades gaúchas para proporcionar aos seus alunos condições de vencer os tão difíceis e concorridos concursos para o cargo de Defensor Público, além de manter estreita ligação com a Defensoria Pública do Estado do Rio Grande do Sul, para o fim de proporcionar ampla capacitação, auxiliar do labor no cotidiano forense de cada Defensor Público. A par disso, conta em sua grade com um leque de docentes e palestrantes do mais alto nível intelectual, o que faz engrandecer e dourar sua prestação de serviços, certa de que, quem nela ingressa, nunca mais esquece os momentos de evolução no pensar o Direito. Parabéns a nossa "Escola da Defensoria", como é popularmente conhecida. Você ficou grande, você é grande, e somente se passaram 15 anos. O porvir é imensurável.

Porto Alegre, outubro de 2014.

Lisandro Luís Wottrich

— 1 —

A hermenêutica jurídica no Estado Democrático de Direito: como olhar o novo com os olhos do novo?

LENIO LUIZ STRECK[1]

Sumário: 1. Estabelecendo as bases da discussão; 2. Da *Auslegung* para a *Sinngebung*; 3. Alguns exemplos que simbolizam esse estado d'arte; Caso 1. Crime de abandono (de quem?); Caso 2. Crime de dano?; 4. À guia de considerações finais: das "janelas quebradas" e paredes pintadas à miséria de Santa Joana.

1. Estabelecendo as bases da discussão

Nos anos 80-90 do século passado, José Eduardo Faria rodava o país falando da crise de paradigmas do direito. Dizia ele que, preparado para resolver conflitos de cariz interindividual, não estava preparado para o enfrentamento das querelas de índole supraindividual (ou transindividual). Abeberei-me disso e construí a tese de que, na verdade, vivíamos – e ainda vivemos – uma crise de paradigmas de dupla face, isto é: aquela denunciada por Faria é a face um e a face dois é a crise dos paradigmas aristotélico-tomistas e da filosofia da consciência (e/ou de suas vulgatas voluntaristas).

Fiz também as devidas adaptações, colocando no centro dos debates os personagens Caio, Tício e Mévio. Com efeito, na face um, é facilmente perceptível que o *establishment* é eficaz para solver problemas resultantes de atividades criminosas de cariz interindividual, como nos casos de furtos, estelionatos, apropriações indébitas, etc. Já nos casos dos delitos cometidos pelo "andar de cima" da sociedade, de cariz metaindividual, como os crimes do colarinho branco, lavagem de dinheiro, improbidade administrativa, etc., o sistema fracassa.

---

[1] Professor Titular do Programa de Pós-Graduação em Direito da Unisinos (RS). Doutor e Pós-Doutor em Direito; Ex-Procurador de Justiça (MP/RS). Presidente de Honra do Instituto de Hermenêutica Jurídica (IHJ). Advogado.

Para explicar esse fracasso, busquei as bases na hermenêutica filosófica, mais tarde aprimorada com a imbricação da teoria integrativa dworkiniana, do que resultou a CHD – Crítica Hermenêutica do Direito.[2]

Não é difícil de constatar a crise de paradigmas de dupla face. Se a crise do modelo liberal-individualista-normativista pode ser resumida na clássica frase de José Jesus de la Torre Rangel "la ley es como la serpiente; solo pica a los descalzos", a crise epistêmica pode ser percebida na prevalência de uma velha dicotomia: de um lado, as teses objetivistas que sustentam o formalismo subsuntivo, reminiscência do positivismo legalista; de outro, as correntes voluntaristas que, a pretexto de superar as velhas posturas exegéticas, transferem para o intérprete o *locus* de produção de sentido. Assim, a crise do lado "b" do direito atua com esses dois polos opostos, sendo que, paradoxalmente, por vezes, operam a partir de uma mixagem: quando interessa ao intérprete, ele se apega ao "mito do dado"; já em outras oportunidades, produz sentidos ignorando totalmente o texto jurídico. Em outras palavras, de um lado os juristas ainda "colam" texto e norma; de outro, desconectam totalmente estes dois âmbitos (texto e norma). Aqui, sempre é bom recordar um autêntico moderno, Shakespeare, que, na peça Medida por Medida, já colocava nos polos de uma apreciação jurídica esses dois "modelos" de juiz.[3]

---

[2] Em síntese, a Crítica Hermenêutica do Direito (CDH) apresenta-se com uma matriz teórica de análise do fenômeno jurídico. Fundamentalmente, move-se nas águas da fenomenologia hermenêutica, pela qual o horizonte do sentido é dado pela compreensão (Heidegger) e ser que pode ser compreendido é linguagem (Gadamer), em que a linguagem não é simplesmente objeto, e sim, horizonte aberto e estruturado, e a interpretação faz surgir o sentido. Juntamente com estes pressupostos incorporam-se aportes da teoria jurídica de Ronald Dworkin. Isso é explicitado amiúde em obras como *Hermenêutica Jurídica e(m) crise*, *Verdade e Consenso* e *Jurisdição Constitucional e Decisão Jurídica*. A tarefa da Crítica Hermenêutica do Direito – CHD é a de "desenraizar aquilo que tendencialmente encobrimos" (Heidegger-Stein). Fincada na ontologia fundamental, busca, através de uma análise fenomenológica, o desvelamento (*Unverborgenheit*) daquilo que, no comportamento cotidiano, ocultamos de nós mesmos (Heidegger): o exercício da transcendência, no qual não apenas somos, mas percebemos que somos (Dasein) e somos aquilo que nos tornamos através da tradição (pré-juízos que abarcam a faticidade e historicidade de nosso ser-no-mundo, no interior do qual não se separa o direito da sociedade, isto porque o ser é sempre o ser de um ente, e o ente só é no seu ser, sendo o direito entendido como a sociedade em movimento), e onde o sentido já vem antecipado (círculo hermenêutico).

[3] Shakespeare, no início do século XVII, antecipou a discussão hermenêutica que será o centro das preocupações dos juristas do século XIX até os nossos dias. Entre as várias peças, há uma em especial, escrita por volta de 1604, chamada Medida por Medida. A estória se passa em Viena. O Duque Vivêncio, em face de um quadro de desordem e corrupção de costumes, transfere a seu amigo Ângelo o governo, simulando tirar um período de férias, em que visitaria a Polônia. Sob novo comando, a guarda prende o jovem Cláudio, sob a acusação de ter fornicado com Julieta, sua namorada. Incontinenti, é condenado à morte por Ângelo. Cláudio, então, pede a sua irmã Isabela, para que interceda por ele junto a Ângelo. Isabela busca persuadir Ângelo. Este diz que Cláudio é um transgressor da lei, e que ela estaria perdendo o seu tempo. Diz, também, que no contexto dado, a lei não permite vicissitudes idiossincráticas. É ela a palavra do poder: "A lei, não eu, condena o seu irmão. Se fosse meu parente, irmão ou filho, seria o mesmo. Ele morre amanhã". Isabela retorna no dia seguinte e insiste na tese. Ângelo se mantém irredutível. Entretanto, enquanto falava, a concupiscência tomava conta de Ângelo, vendo que por debaixo das vestes de Isabela (ela estava vestida com roupa de noviça) um belo exemplar da espécie humana se escondia. Assim, em um instante, Ângelo, aquele "poço de virtude", transmuda-se, dizendo à Isabela que "se o amasse em retorno, seu irmão seria poupado". De escravo da lei, de escravo da estrutura, do

---

10   *Lenio Luiz Streck*

2. Da *Auslegung* para a *Sinngebung*

Comportamo-nos ainda como se estivéssemos no século XX, sem o texto da Constituição de 1988. Ainda não fizemos uma filtragem hermenêutico-constitucional da legislação – especialmente a penal e a processual penal – e do (e no) agir jurisprudencial. Tratamos o processo interpretativo como se ele fosse meramente uma reprodução de um determinado estado de coisas. Trata-se daquilo que Gadamer denunciou como sendo a interpretação em etapas (*subtilitas intelligendi, explicandi e aplicandi*), em que o resultado é uma *Auslegung* (sacar da lei um algo que ela tem intrinsicamente). Ora, se olharmos a tradição de nosso direito criminal (*lato sensu*), constaremos facilmente que qualquer reprodução e sentido acarreta estagnação ou retrocesso.

Os juristas não vêm se dando conta disso. Aqui, de novo o problema da crise de modelos de compreensão: de um lado, juristas simplesmente descrevem a jurisprudência, que, em sendo conservadora, redunda em uma doutrina conservadora; de outro, juristas que pensam que há um grau zero de sentido, como se fosse possível eliminar o direito penal. Há ainda um terceiro grupo que se enquadra em uma espécie de esquizofrenia jurídica, na feliz expressão de Alessandro Baratta: trata-se dos setores ligados às minorias sociais, que, de um lado, desejam liberdades plenas, com direito penal mínimo, e, de outro, uma atuação de direito penal máximo, a ponto de pretenderem que o STF concedesse Mandado de Injunção para criminalização de condutas.[4]

É nesse sentido que venho pregando o uso da hermenêutica no sentido da produção de sentido (*Sinngebung*), superando, de um lado, as velhas perspectivas subsuntivas e, ao mesmo tempo, buscando criticar os voluntarismos interpretativos, que institucionalizam visões solipsistas na aplicação do direito. Por isso é que a hermenêutica é uma cadeira que se assenta entre as perspectivas objetivistas e as visões subjetivistas (filosoficamente falando). É possível observar que o juspositivismo (em suas

---

"que está dado", Ângelo se transforma em "senhor da lei", "senhor dos sentidos". Do extremo objetivismo, Ângelo vai ao completo subjetivismo. Qual é o pior dos Ângelos? O I ou o II? Ou seja, duzentos anos antes das críticas de Ihering à juíza Pórcia, de *O Mercador de Veneza* – outro exemplo de juiz solipsista shakespeariano –, essa discussão já estava posta pelo bardo.

[4] No final dos anos 1990, o grande criminólogo Alessandro Baratta esteve em Porto Alegre participando de um simpósio sobre criminologia e feminismo. Em pauta a violência contra as mulheres e minorias. As mulheres presentes, a expressiva maioria professando um pensamento progressista, tinham um objetivo: criminalizar duramente os delitos desse jaez. Baratta, homem de militância progressista, no início de sua conferência, fez a seguinte reflexão: neste congresso demonstramos um alto grau de esquizofrenia. Em sentido amplo, todos queremos um direito penal mínimo e o máximo de liberdade; todavia, quando atingidos pela situação, ou seja, em sentido estrito (referindo-se às mulheres e minorias), queremos o mais alto de punição. Assim, ao mesmo tempo manifestamos a nossa descrença no direito penal e entoamos uma ode em seu louvor, pugnando pelo máximo de punição. Afinal, perguntou: "o que queremos"?

mais variadas faces) se fundou na relação moderna sujeito-objeto, alternando entre objetivismo e subjetivismo, razão teórica e razão prática, e em cosmovisões filosóficas anacrônicas que mantêm a discricionariedade, tornando este paradigma inadequado para esta quadra da história, sobretudo diante das exigências da democracia. A grande questão, porém, é que muitos teóricos, ao discorrer sobre o tema, passam ao largo da questão da interpretação. Ficam aquém do *hermeneutic turn*.

A partir da hermenêutica e da Crítica Hermenêutica do Direito, não há casos fáceis ou casos difíceis. Há, simplesmente, "casos", que, uma vez compreendidos, manifestam-se naquilo que denomino de resposta adequada à Constituição. Bem resumido: Revolve-se o chão linguístico em que está assentada a tradição, reconstruindo a história institucional do fenômeno. Desse processo – que é como se o fenômeno fosse "descascado aos poucos" – exsurge "o sentido da coisa".

Vou tentar explicar isso a partir de uma aplicação (na verdade, sempre aplicamos; não existem raciocínios *in abstrato*). Dia desses, no Ministério Público, minha assessoria trouxe um caso de furto qualificado por escalada (como se sabe, a pena do furto qualificado é o dobro da do furto simples). O acusado (apelante no processo) fora condenado a três anos porque pulara o muro para chegar até a *res furtivae*. Tudo provadinho, inclusive com fotografias do muro escalado. Examinando certo manual de direito penal – dos mais vendidos – ver-se-á que escalada é subir em alguma coisa... Genial, não? E isso serve para dobrar a pena?

Convidei-os, então, a fazer a reconstrução da história institucional do instituto penal em pauta. O tipo penal-qualificado é dos anos 40. Não havia bancos (ou havia poucos). Construíam-se altos muros para proteger as casas. E como o CP protege mais a propriedade do que a vida, a pena do furto dobra se alguém escalar o obstáculo. E o caso concreto? Importa? Claro. Ali, a foto mostrava que o muro não tinha mais de um metro e sessenta, além de ter uma caixinha com relógio marcador da companhia que vende água, que serviu para colocar o pé do infeliz ao proceder à "escalada". Pois bem. Olhando o problema a partir da simples semântica e dos manuais – enfim, do senso comum teórico – estava caracterizada, subsuntivamente – a qualificadora da escalada. Mas o fenômeno, reconstruído, já não era o da "primeira vista". Aquilo que aparecia nos autos, obviamente, não podia ser enquadrado como "escalada". Simples, pois.

3. Alguns exemplos que simbolizam esse estado d'arte

Poderia trazer dezenas de casos que descortinam a crise de paradigmas acima delineada. Bastaria desfilar alguns julgamentos do Supremo

Tribunal Federal e do Superior Tribunal de Justiça sobre a concessão (ou não) de *habeas corpus*. Relatarei dois casos nos quais atuei como Procurador de Justiça no ano de 2013. Há poucos dias deparei-me com dois casos que merecem ser discutidos em público. Nos casos abaixo descritos, os condenados são, naturalmente, do andar de baixo. Negros e brancos. E abandonados.

Caso 1. Crime de abandono (de quem?)

Um casal, ela com 39 anos e ele com 48, foram processados com base no artigo 244 do Código Penal, porque em datas de 2007 e 2008, deixaram de proporcionar os recursos necessários para a sobrevivência dos dois filhos menores, que ficaram sem alimentos. Os pais foram condenados a 1 ano de detenção, substituídas por serviços à comunidade. Em grau de recurso, sustentei a absolvição de ambos, com base no art. 386, III, do CPP.

Aqui já de pronto merece destaque o voto do Relator, Des. Francesco Conti, cuja posição é a de que o parecer do Ministério Público de segundo grau esvazia a controvérsia, no caso de se posicionar pela absolvição do(s) apelante(s). Eis a ementa do acórdão:

APELAÇÃO CRIME. ABANDONO MATERIAL. ABSOLVIÇÃO. PEDIDO DO MINISTÉRIO PÚBLICO. O recurso exclusivo da defesa aliado ao pedido expresso do agente ministerial (atuante nesta instância), no sentido de que os réus sejam absolvidos, esvazia a controvérsia posta nos autos. De ressaltar que o Procurador de Justiça é quem detém atribuição para atuar junto aos Tribunais perante as Câmaras, nos termos do artigo 29, I, "a" e artigo 31, respectivamente, da Lei Orgânica Estadual e Nacional do Ministério Público, de sorte que o pedido por ele deduzido é o que deve ser considerado nos julgamentos dos recursos. A Carta Magna de 1988 filiou-nos ao Sistema Acusatório, e, a um só tempo, incumbiu exclusivamente ao Ministério Público a titularidade da ação penal e impediu o juiz de tomar qualquer iniciativa. Com isso, distinguiu o persecutor do julgador, sendo, sem dúvida, a inércia do juiz a garantia da sua imparcialidade. APELO DEFENSIVO PROVIDO (AP Nº 70053245734).

No mérito, o acórdão transcreve meu parecer, nos seguintes termos:

O parecer encaminha-se no sentido do provimento da apelação, uma vez que o presente caso constitui hipótese de absolvição, diante da ausência de comprovação do dolo dos agentes. Na verdade, trata-se de um processo delicado, que nos apresenta, de um lado, a miséria do direito e, de outro, o direito da miséria. Em tese, poder-se-ia dizer que, se há um caso em que se caracteriza o abandono material, este é um deles. Afinal, os dados objetivos são tão dramáticos que transcrevê-los, aqui, já constitui um mergulho na crueldade humana.

Entretanto, em direito penal é comezinho exigir-se o dolo em uma conduta. Dogmaticamente, sempre se diz que o dolo está no tipo. Todavia, não vislumbro no caso concreto a existência do *querer* que as crianças fossem submetidas a este tratamento degradante. Esse é o busílis.

A Literatura, por vezes, nos ajuda a compreender as insuficiências da Lei, quando contraposta ao direito e suas mazelas. Nada melhor do que a peça *Santa Joana dos Matadouros*', de Bertolt Brecht, para compreender o fenômeno ora em discussão. Joana, uma voluntária da Cruz Vermelha, vai até o dono dos frigoríficos de Chicago para interceder a favor dos trabalhadores em greve que estavam sendo mortos à míngua por um *lockout* da indústria da carne. O dono, conhecido como Bocarra, leva Joana ao submundo onde convivem os operários. Sua pretensão é a de mostrar que não só os ricos eram maus, mas que os pobres também o eram.

De fato, Joana se depara com a extrema maldade de alguns dos operários pobres, que, por um prato de comida, delatavam seus colegas. Mas Brecht quer mostrar na peça que os operários não eram maus, não tinham o dolo de serem maus. Eram as condições sub-humanas que transformavam os homens em lobos e ratos. Isto é, eram as condições econômicas que determinavam até a psique dos homens.

Guardadas as devidas proporções do tempo, da história e do mecanicismo marxista de Brecht, eis um bom modo de a Literatura nos ajudar a explicar a situação da 'maldade' (ou do 'dolo') dos réus neste caso.

Isto porque, em que pese a situação absolutamente precária e dramática em que criadas as crianças, tenho não ser possível determinar até que ponto os réus possuíam capacidade de prover condições de subsistência distintas – isto é, até que ponto a condição de sujeira, abandono, miséria e desconsideração revelada não faz parte de sua própria conformação como indivíduo.

Claro que se pode(ria) reclamar conduta diversa aos réus. De qualquer modo, muito embora estas questões possam tornar reprovável sua conduta, entendo que não sirvam à caracterização do presente tipo penal, eis que este exige a configuração de dolo específico e pressupõe a capacidade do agente em conferir sustento a seus dependentes e a vontade deliberada em não o fazer – o que, no caso em tela, não vem demonstrado.

Assim, considerando que na esfera penal revela-se imprescindível a demonstração clara e segura do dolo dos agentes para configuração do delito previsto no art. 244, CP, e que, *in casu*, isto não ocorre, entendo que outro caminho não resta senão o absolutório.

Fim do acórdão. Fecham-se as cortinas! Vale a pena demi(s)tificar o senso comum teórico dos juristas.

Caso 2. Crime de dano?

Em uma pequena cidade do interior do RS, um patuleu foi condenado a 1 ano e 8 meses de prisão, mais multa, por ter cometido crime de dano qualificado (art. 163, par. único, III, do CP). Qual foi o crime? Escrever seu nome a lápis (ou giz) na parede da cela da Delegacia em que estava detido provisoriamente (observe-se: a única coisa que não se discutiu nos autos foi a legalidade da tal prisão!). Diz-se que o prejuízo foi de menos de R$ 100,00. Foram realizados laudos (?), arroladas testemunhas, enfim, um volumoso processo. Até a Delegada prestou depoimento, para comprovar que a parede havia sido pintada antes de ser "assinada" pelo choldréu.

Exarei parecer pela absolvição, que ainda está pendente de julgamento no TJRS. O caso dos autos encontra-se incluído em uma lógica pampenalista de ver o direito penal – que, provavelmente, teve seu ápice na década de 90, nos EUA, com a política do "tolerância zero", resultado da chamada *"broken windows theory"*, mas que continuam presentes no imaginário de muitos juristas, até os dias de hoje –, na qual mínimas infrações ou, ainda, condutas sem qualquer resultado significativo, incapazes, portanto, de lesionar bem jurídico, são objeto de ação do direito penal.

Ora, despiciendo afirmar que condutas como a dos autos não ensejam a intervenção do direito penal: "O apelante danificou patrimônio público do Município, ao escrever seu nome na parede da cela". Isso é crime? Então as pichações também o são, pois não? A reação do Estado, nestes casos, mostra-se descabida em relação ao fato que a ensejou, acarretando em uma contrapartida desproporcional à conduta que se pretende sancionar, referindo-se a um imaginário punitivista. É acaciano referir que, no presente caso, a condenação penal do acusado – e a consequente estigmatização – revelam-se incompatíveis com a própria conduta que é descrita no fato da inicial.

Neste sentido, entendo que, muito embora tenha vindo demonstrado o "dano" causado à parede da cela, torna-se adequado questionar se, *in casu*, realmente houve crime, uma vez que, como se sabe, o direito penal contemporâneo deve ser invocado somente quando os demais meios – sejam administrativos, sejam civis – tornarem-se inapropriados e/ou insuficientes para a resolução do problema.

Diante disso, portanto, cabe analisar se o caso dos autos, com suas devidas circunstâncias e peculiaridades, deve realmente ser sanado pela esfera penal, que já se encontra repleta de assuntos com importância **incomensuravelmente maior** para serem tratados e resolvidos. A lógica do "tolerância zero", afinal, enquanto fundamentalmente repressiva, revelou-se falaciosa e inoperante. Aliás, onde está a tolerância zero em relação ao não cumprimento da LEP, quando os detentos são armazenados como o eram nos navios negreiros?

Não creio que a intervenção do direito penal deva ir tão longe. Em suma, o direito penal sequer se legitima – enquanto *ultima ratio* sistêmica – para tal finalidade. Ele deve intervir tão somente, uma vez que é composto do elemento restrição da liberdade dos indivíduos, em questões que não possam ser solvidas pelos demais ramos jurídicos. Aliás, no Estado Democrático de Direito, é de duvidosa constitucionalidade criminalizar "danos", exatamente em face de um princípio extremamente relevante: o da subsidiariedade! De todo modo, considerando o valor irrisório da *res* danificada no presente caso, tenho que inexiste qualquer motivo capaz de justificar a utilização da persecução penal – regida pelo princípio da subsidiariedade – para punir um dano material ínfimo.

E não se diga que o caráter transindividual do delito – eis que a vítima, *in casu*, é o Estado – impossibilita a aplicação do aludido princípio, afinal são os próprios Tribunais Superiores – notadamente o Superior Tribunal de Justiça, corroborando entendimento firmado no Supremo Tribunal Federal – que afirmam ser insignificante o valor que não ultrapassar R$ 10.000,00 (dez mil reais) nos delitos de sonegação de impostos (agora, com a portaria 75 do Ministério da Fazenda, o valor foi para R$ 20.000,00 – pronto: país rico é pais sem miséria!).Nada como uma "boa" teoria das fontes... Uma portaria vale mais do que uma lei... Em *terrae brasilis*, pode. Falando em delitos "transindividuais", o que dizer do uso da cota de gasolina (do Parlamento) em helicópteros e jatinhos?

Por Santa Joana, o parecer vai pela absolvição do réu!

4. À guia de considerações finais: das "janelas quebradas" e paredes pintadas à miséria de Santa Joana

Impressiona, nestes casos, o modo como os juízes e membros do Ministério Público olham estes fatos. Veja-se: em ambos os casos, houve condenações. Qual o país que eles habitam? Esta é a pergunta. Basta olhar ao redor.

Pensando no crime da parede pintada pelo nosso Picasso dos pampas, que tipo de crime comete o funcionário público quando usa o telefone da "repartição" (ou do fórum) para assuntos pessoais? Mas, é claro, quem comete dano é sempre o "outro". Lembro de um caso contado por um Deputado Federal do Mato Grosso, processado por improbidade por ter usado folhas timbradas quando Prefeito, para uma defesa judicial. Prejuízo: alguns reais. No dia do interrogatório no TJMT, o Desembargador ou a Desembargadora, antes de iniciar, pediu licença para ligar para sua casa, porque um filho ou neto estaria com problemas de saúde e teria que falar com a empregada. Terminou a ligação (telefone do Tribunal) e disse ao Prefeito (mais ou menos assim): – "Então, o que temos aqui? O senhor pode nos dar sua versão?" E o Prefeito teria respondido: "Pois é, Excelência, estou aqui por motivo de menos importância do que agora o(a) Senhor(a) acabou de cometer". "– Como assim?" "– Pois o meu crime é menor do que o seu. Aposto que a ligação feita agora custou mais ao erário do que as folhas que usei". Bingo. E terminou a ação de improbidade. Pronto. Preciso dizer mais alguma coisa? Afinal, o que é "prejuízo ao erário"? Hein?

Vejam: no caso acima peguei no varejo. Agora, vem o atacado. O que é direito penal? Para que(m) serve? Maluf vem sendo processado há anos, e a máquina não consegue pegar o nosso *Jason*. A operação *Satia-não-agarra-ninguém-e-eu-me-rolo-de-rir* foi um fiasco.[5] A operação *Castelo-entrou-areia* foi levada pela primeira marola que passou. Havia prova ilícita, discussão de princípios, etc.[6] E no caso do (crime de) abandono feito por um casal de miseráveis? Onde estão os tais princípios constitucionais, tão decantados por aí? Hein? Qual foi a prova "carreada" aos autos? Qual o dolo? Quais as circunstâncias que levaram os pais a abandonarem os filhos? Não cabia, no caso, a máxima de Ortega y Gasset, de que *yo soy yo y mis circunstancias*? O que a Prefeitura disse? Ah, não foi ouvida? E o Estado? Não tem nada a ver com isso? Ah, bom.

Penso no personagem Bocarra – dono dos frigoríficos de Chicago – tentando mostrar para Joana que os "pobres são tão maus como os ricos". Pois é. Não sou mecanicista. Longe disso. Trouxe a Santa Joana dos Matadouros de Brecht para mostrar a degradação humana. A total miséria. Enquanto isso, a indústria que mais cresce é a dos compêndios (facilitadores) de direito penal, para os quais só existe a ficção: Caio e Tício, que brincam de mocinho e bandido com Mévio... E novamente Caio, que põe fantasia de cervo e vai brincar no mato, para levar um tiro de Tício, só para possibilitar o exemplo do que seja erro de tipo. E eles são lidos exatamente pelos membros da magistratura e do Ministério Público que se mostram insensíveis a isso tudo. Por isso, vendem tanto. Claro. Apenas reproduzem o senso comum.

Por certo, nos casos em tela, foi "alcançada a verdade real" (e-eu-me-rolo-de-rir do "princípio"!). Buscou-se a essência dos fatos... Ah, os fatos! Esses fatos! Aliás, dia destes vi na TV um professor cantando uma música para explicar a diferença entre prescrição e decadência... (aliás, coisa "complexa", não?). Fiquei pensando: o que seria mesmo *de-ca-dên-cia*? Não seria a própria figura dos professores de direito em *terrae brasilis*

---

[5] A Operação Satiagraha foi uma operação da polícia federal contra o desvio de verbas públicas, a corrupção e a lavagem de dinheiro desencadeada em princípios de 2004 e que resultou na prisão, determinada pela 6ª Vara da Justiça Federal em São Paulo, de vários banqueiros, diretores de banco e investidores, em 8 de julho de 2008. Devido a várias ilegalidades cometidas pela polícia federal, durante o procedimento investigatório, a operação acabou malsucedida no momento das prisões.

[6] A Operação Castelo de Areia foi realizada pela polícia federal em 2009, ao investigar supostos crimes financeiros e lavagem de dinheiro envolvendo o Grupo Camargo Corrêa. No dia 5 de abril de 2011, a operação chegou ao fim e foi anulada pela 6ª Câmara do Superior Tribunal de Justiça. A ministra relatora do processo, Maria Thereza de Assis Moura, explicou em seu relatório que o processo deveria ser anulado porque as provas contra os acusados foram obtidas de fontes anônimas. "A delação anônima serve para o início das investigações de forma que a autoridade policial busque provas, mas não serve para violação de qualquer direito fundamental do ser humano", afirmou o desembargador Celso Limongi.

querendo dizer coisas pífias e óbvias, como se o-mundo-pudesse-ser-cha-mado-de-Raimundo, como no poema de Carlos Drummond de Andra-de? Ainda há chance? Estaríamos mesmo condenados à mediocridade?

Sem dó nem piedade. Rezemos para Santa Joana. Querem saber? Sugiro que larguem os compêndios facilitado(re)s e o direito plastifica-do... (pelo menos por algumas horas) e leiam Bertolt Brecht. E também Machado de Assis, Eça de Queiroz, Victor Hugo... Parafraseando o velho Barão de Itararé, diga-me o que estás lendo e eu te direi se sabes alguma coisa e se posso gastar dois dedos de prosa com você.

Não vou discutir, aqui, as causas da criminalidade, etc., etc. Ape-nas trouxe exemplos do que estamos "construindo" em *terrae brasilis*. Enquanto um laranja arrecada 1 bilhão para meter em campanhas e se discute se empresa "possui cidadania" e se mais uma vez o STF vai le-gislar para "fazer história" (*sic*), todos os dias casos como esses se escan-caram diante de nossos olhos. Emocionamo-nos vendo *Os Miseráveis*, de Victor Hugo. Mas temos milhares de Vanjans por aqui. Com os quais não nos importamos. Nem um pouco.

Numa palavra final, em *Tristes Trópicos*, Levy Strauss descreve a vida nos seringais: "o fato de aquela gente se acostumar à miséria é algo tão presente, que a vida nem é percebida como sofrimento". Isso serve, metaforicamente, também para dizer: o fato de nossos juristas se acostu-marem com esse modo-de-estudar-e-aplicar-direito é algo tão presente, que as injustiças e as idiossincrasias do e no cotidiano sem mais são per-cebidas.

Talvez por isso, sejamos (tão) duros com pintores de paredes de ca-deias e com pais que, atolados na miséria (des)humana, abandonam os filhos e, ao mesmo tempo, sejamos tão tolerantes com a sonegação de tri-butos... Acostumamo-nos com essas "misérias jurídicas". E depois dizem nas salas de aula que o direito é um sistema de regras... e princípios.

Ah, Santa Joana, rogai por nós, habitantes dos tristes trópicos.

— 2 —

A prisão perpétua (e a fraude de etiquetas)[1] no futuro Código Penal espanhol

ANDRÉ LUÍS CALLEGARI[2]
ELISANGELA MELO REGHELIN[3]

Sumário: 1. Introdução; 2. A degradação humana como preliminar: alguns contornos históricos; 3. O contexto vigente e o delineamento de uma proposta perigosa; 4. O Direito Penal simbólico, o inimigo e a doutrina Parot; 5. A prisão permanente revisável no Projeto de Reforma do Código Penal espanhol; 6. Violação (ainda) ao princípio da culpabilidade; 7. Conclusões; Referências.

> "To comnden more, to understand less."
>
> *John Major*[4]

1. Introdução

Diante das permanentes indagações acerca das tendências europeias em termos de história das punições, verifica-se que propostas como a do recente Projeto de Lei de Reforma do Código Penal espanhol apresentam temas controvertidos como a concepção da neorretributiva pena de prisão perpétua, ou então, como foi recentemente adjetivada, de modo mais sofisticado (ou camuflado): pena de prisão permanente revisável.

---

[1] Em alusão à expressão já empregada em 1924, por Kohlrausch. Em JESCHECK, Hans Heinrich. *Tratado de Derecho Penal.* Parte General. 5ª ed. Granada: Comares, 2003, p. 93.

[2] Pós-doutor em Direito Penal pela Universidad Autónoma de Madrid. Professor de Direito Penal no Programa de Pós-Graduação em Direito da Universidade do Vale do Rio dos Sinos (UNISINOS). Advogado. Email: callegari@callegariadvogados.com.br

[3] Doutoranda em Direito Penal/Universidad Autónoma de Madrid. Fellow Researcher at University of California/Berkeley. Mestre em Ciências Criminais pela PUC/RS. Professora de Direito Penal na Universidade do Vale do Rio dos Sinos (UNISINOS). Delegada de Polícia Civil no RS. Email: delegadaelis@gmail.com

[4] Com a frase provocativa, o então Primeiro Ministro britânico, líder do partido conservador de 1990-1997, que sucedeu a Margaret Thatcher, já dizia que a sociedade deveria apoiar medidas mais duras de combate ao crime, mesmo sem entendê-las: "condenar mais, entender menos".

Evitando-se todas as possíveis alegações de inconstitucionalidade ou de violação ao princípio da humanidade das penas, o legislador alcançou lograr a roupagem ideal para a proposta que faz ressurgir, de um Direito Penal já obsoleto, uma pena já abandonada. Esta, então, renasceria com novo vigor, chancelada em meio a equívocos de uma interpretação jurídica que se pretende de "Direito Penal comparado" e adornada pelo requinte dos efeitos meramente simbólicos do discurso penal de emergência. E aquilo que era uma prerrogativa de combate a delitos terroristas, hoje alcança, no Projeto, sem qualquer constrangimento, o catálogo dos crimes comuns.

Ao passo em que, ao longo da história da punição, os castigos corporais e a dor física (ideia inicial de degradação) foram sendo, cada vez mais, dissociados da noção de sanção penal, não se entende mais a dor nas penas, nos dias de hoje, exceto como símbolo de um Direito Penal comunicativo.[5] No entanto, a par de toda a evolução dos tempos, deparamo-nos, sem mais, com alguns retrocessos que causam espanto e não encontram sustentação teórica, apenas pragmática, como é o caso da pena espanhola em debate, que já resulta de uma história recente, como a demonstrada pelas discussões da Doutrina Parot, e que se expande para novos cenários, não tão distantes da sempre criticada fórmula punitiva norte-americana, com a qual, cada vez mais, parece se assemelhar.

2. A degradação humana como preliminar: alguns contornos históricos

Iniciar este artigo falando em degradação como centro da política europeia, historicamente, tem um sentido muito especial, já que, atualmente, se vive um retrocesso perigoso. Recordar o passado torna-se relevante a fim de entender a política criminal vigente, bem como a fim de projetar cenários importantes quando se discute um tema tão delicado como o ressurgimento da pena de prisão perpétua, especialmente em um país considerado tão evoluído e de tantas conquistas democráticas pós-ditadura, período recente, como a Espanha.

Não é nosso objetivo tecer um estudo comparado, porém vale registrar, ainda que brevemente, algumas considerações acerca dos Estados Unidos, apenas para demonstrar que, embora historicamente tenham tido uma construção jurídica tão diversa, hoje apresentam tendências muito semelhantes às europeias, em especial, à espanhola, especialmente quando o assunto envolve o ressurgir do punitivismo essencialmente

---

[5] GÓMEZ-JARA DÍEZ, Carlos. La retribución comunicativa como teoría constructivista de la pena: ¿El dolor penal como constructo comunicativo? *InDret*, abril n. 2, 2008, p. 1-31.

simbólico e os fenômenos de expansão e intensificação do Direito Penal. Para tanto, analisar sucintamente a história da punição sob a luz do conceito de degradação é pressuposto neste caso.[6]

A degradação é um ato social que pode tomar lugar em meio a confusas e instáveis relações entre diversos *status* de pessoas. É claro que a punição sempre significou um tratamento indigno ou inferior, embora esta característica tenha variado conforme as características de cada sociedade, em cada momento histórico. A intensidade da dor nos castigos corporais, geralmente, vinha associada ao castigo imposto. A crucificação foi, sem dúvida, a pior das penalidades. Nos últimos séculos (III, IV, V d.C) do Império Romano, pessoas pertencentes às mais privilegiadas camadas sociais no Mediterrâneo eram sujeitas às punições mais violentas e degradantes. As mutilações (uso da violência) utilizadas nos séculos XVIII e XIX, e ainda em uso em muitas partes do mundo, têm caráter público, servindo como um sinal de alerta para a população, embora, historicamente, fossem utilizadas contra pessoas oriundas das camadas mais populares (não apenas as mutilações, mas o açoite e a marcação a ferro quente, que deixavam sinais permanentes sobre o corpo do condenado). A título histórico, é interessante lembrar o denominado grande arquiteto do terror, Joseph Ignace Guillotin, o médico cujo nome será eternamente associado a sua criação humanitária: a guilhotina. Apesar de a ideia não ser inovadora (já havia outras versões da guilhotina em uso, mas sempre como privilégio da elite, posto que rápida, eficiente e "indolor"), era chegado o tempo da revolução. Em 1789, veio a decisão de aplicar a decapitação para todos os condenados, independentemente de classe social. Ele propôs a sua máquina da morte: foi a mais nobre e honorável forma de punição estendida a todos os franceses.

Interessante o caso do enforcamento dos irmãos A. J. Agasse e A. J. B. Agasse. Este caso ocorrido em 1787 influenciou na busca de Guillotin por uma reforma que beneficiasse as famílias dos condenados mais pobres. Os irmãos Agasse eram comerciantes e haviam repassado algumas notas falsas de dinheiro em Londres, o que era considerado crime merecedor da pena capital. Julgados, foram condenados à morte no início da revolução francesa (1789) da seguinte forma: primeiramente, seriam expostos à observação pública, então enforcados diante da multidão, na Place de Greve. Como era costume, a família deles sofreria a infâmia e o vexame daquele ritual, levaria consigo as marcas, para sempre e, ainda, não teria direito a enterrar os corpos, que já apesar de inanimados, sofreriam um vexatório "velório". Um forte movimento com passeata pelo Distrito de Saint Honoré dirigiu-se ao Parlamento exigindo reformas,

---

[6] A pesquisa histórica é de WHITMAN, James Q. *Harsh Justice*: Criminal Punishment and the Widening Divide between America and Europe. New York: Oxford, 2003.

contando com o líder Guillotin, o qual conseguiu convencer o Legislativo a aprovar três artigos que podem ser considerados marcos na história da punição: A pena não poderia passar da pessoa do condenado e atingir sua família; os bens do condenado não poderiam ser confiscados (objetivo: não causar o empobrecimento da família do mesmo); o corpo do executado deveria ser devolvido à família se esta assim o preferisse, mas de qualquer modo o velório e o enterro deveriam ser dignos. Entretanto, sua proposta de tornar a decapitação uma pena aplicável a todos, sem privilégios, foi novamente reprovada. De qualquer forma, os irmãos Agasse foram executados, mas a honra da família foi declarada intacta, e os corpos foram entregues a ela. Isso foi considerado um evento de tal magnitude que houve uma grande celebração no Distrito de Saint Honoré. Em 1791, a Assembleia promulgou o Código Penal francês, uma das maiores conquistas dos primeiros anos da revolução e, finalmente, com a aprovação da ideia de Guillotin em seu artigo terceiro, constou: "toda a pessoa condenada à morte será decapitada". Este foi o fundamento legal que veio a dar suporte ao aparato republicano que perdurou por quase dois séculos. Mas vale a pena ressaltar novamente, um aparato nascido, em grande parte, da preocupação com a proteção da honra das famílias dos condenados. Uma segunda razão foi o desejo de infligir menos dor ou sofrimento, já que a guilhotina tinha efeito instantâneo, ao contrário do enforcamento. A guilhotina será eternamente lembrada como símbolo do terror, mas foi o aparato que estendeu direitos da nobreza para a plebe. A guilhotina sobreviveu como símbolo republicano na França até a abolição da pena de morte, no recente ano de 1981. Assim, o Código Penal de 1791 foi considerado o primeiro marco em direção à pena privativa de liberdade, abandonando-se o período dos castigos corporais. O Código também aboliu as penas de mutilação, algo inovador para a época, e colocou a prisão como centro do sistema punitivo francês. Isso não deve ser pensado como uma mudança na forma de punição tão somente, mas como mudança no sistema de diferenciação social em termos punitivos, e uma mudança em direção a uma nova diferenciação em termos de *status* social.

Veja-se, a propósito, que figuras ilustres representativas da alta sociedade europeia tinham, realmente, tratamentos distintos daqueles impostos à plebe em geral, pouco variando do tempo de Luís XV até a República de Weimer: Voltaire, na Bastille, e Hitler, no Fortress Landsberg. Nestes casos, nada de mutilação, trabalho forçado ou humilhação pública: "custódia honrosa", assim eram conhecidas aquelas sanções. No entanto, tais privilégios foram desaparecendo aos poucos já na República de Weimer, e realmente desapareceram durante o período nazista, pois não havia espaço para *"fortress confinement"* para presos que se opusessem ao novo regime de governo. Sem dúvida, os campos de concentração compuseram o maior programa de degradação em *status* já vivenciado na Europa.

Quanto aos Estados Unidos, veja-se que nunca foram estratificados como as sociedades europeias do antigo regime. Com exceção do sul dos EEUU durante o período da escravatura, não chegou a haver esta mesma tradição de linhagem social ou de etiqueta hierárquica, nem mesmo pirâmides sociais tão estratificadas como a Europa dos séculos XVII e XVIII. Isso não significa que os EEUU não tiveram modos diferenciados de punição. É evidente que os segmentos melhores situados naquela pirâmide sempre tiveram um tratamento bastante distinto dos demais, inferiorizados naquela hierarquia. Enquanto para os europeus, a abolição do antigo regime significou um clamor pela dignidade da pena a ser estendida a todos, nos EEUU, a abolição da escravatura não teve o mesmo efeito. Enquanto o europeu se sentia atingido pela dor sofrida por seus ancestrais, identificando-se com aquele *status* inferiorizado e degradado, na América quase ninguém se identificava com os escravos negros do sul. Não é difícil imaginar que numa sociedade que vive da justiça popular e dita "democrática", o retributivismo tenha a pretensão de fortalecer a coesão social. Isto, portanto, não aconteceu da mesma forma no continente europeu. Veja-se que o sistema punitivo europeu ocidental sempre foi largamente conduzido por burocracias não tão expostas à pressão popular como nos Estados Unidos. Esta burocrática rotinização da lei penal sempre foi uma importante barreira ao superaquecimento do retributivismo. A pena de morte, sem dúvida, constitui o exemplo mais interessante. Em qualquer país, hoje, a maioria da população apoiaria a pena capital. Entretanto, isso não se transformou em política punitiva na União Europeia, que a abomina, mas persistiu nos EEUU. Este fenômeno interpessoal de degradação tem uma importante função na dinâmica social da política criminal moderna. A propósito, uma das decisões judiciais mais brilhantes norte-americanas, da lavra da magistrado Alex Kozinski, Presidente do Tribunal de Recursos da Costa Oeste dos Estados Unidos, referiu, em relação à execução chocante de Joseph Wood, em 23 de julho de 2014, no Arizona, que seria melhor retornar à guilhotina (em tom evidentemente sarcástico) do que empregar medicamentos, cuja finalidade sempre foi a de curar, e não matar. A guilhotina é mais eficiente e indolor (referindo-se, evidentemente, à crueldade na execução interminável e sofrida do norte-americano em razão de que os medicamentos letais falharam). A não ser a guilhotina, sugere, por fim, o pelotão de fuzilamento, já que igualmente indolor face ao estrago causado pelas munições de armas pesadas, cujo suprimento não seria interrompido jamais, como aconteceu com a indústria europeia de medicamentos para a pena de morte. Por fim, diz que jamais um ato de execução desta natureza será tranquilo e sereno e se as plateias desejam assistir ao espetáculo sem o sofrimento do executado, o pelotão de fuzilamento garantiria o êxito da medida, pois de uma forma ou de outra, "o que estamos fazendo é derramamento de sangue, pelo Estado, em nosso nome. E se não temos estômago para aguentar o borrifo de sangue causado pelo pelotão de fuzilamento, então não deveríamos realizar execuções, de forma alguma".[7]

3. O contexto vigente e o delineamento de uma proposta perigosa

Num salto histórico, percebemos que, especialmente após a década de 70, quando ainda eram feitos alguns bons investimentos na área da chamada "ressocialização do delinquente", os Estados Unidos seguiam no seu ideal de um tal "igualitarismo" tal qual sempre fez, tornando possível o que alguns cientistas sociais uma vez acreditavam ser impossível: agravar o punitivismo num país considerado democraticamente "avançado". As campanhas de "lei e ordem", as leis tipo *three strikes*, o *ticking bomb scenario* (para justificar o emprego da tortura em determinados casos) tomaram conta das ditas "políticas de segurança pública" e os movimentos de neocriminalização dominam a seara legislativa encantando a sociedade cada vez mais, especialmente em sede de terrorismo.

Na Europa, embora não se tenha, neste trabalho, espaço para algumas avaliações mais aprofundadas, inclusive históricas e políticas, verifica-se que passada a época anteriormente referida, quando existiam barreiras a um retributivismo exacerbado, e as rotinas burocráticas da lei penal arrefeciam os ânimos mais acirrados, agora, o populismo demagógico, a lei meramente simbólica, segmentos midiáticos sensacionalistas e o natural desejo coletivo por vingança e por castigos violentos tornam-se o centro deste triste cenário contemporâneo. O terrorismo, especialmente com os atentados ocorridos na Espanha, sem dúvida, aproximou duas realidades que eram tão distintas em nome de um único sentimento: o medo. O indivíduo, amedrontado, vive, assim, na sociedade complexa e veloz, isolado, talvez perdido em meio a multidões. Nada mais de identidades fixas e estáveis, mas sim de identidades abertas, contraditórias, inacabadas, fragmentadas, próprias de um sujeito considerado pós-moderno. Como questiona Morais:[8]

> O que esperar de uma tal desagregação de um projeto de sociabilidade que tinha no Direito – em uma ordem jurídica monopolizada, originária de um pacto fundante do social

---

[7] MELO, João Osório de. Juiz americano propõe guilhotina para execuções de penas de morte no país. *Revista Consultor Jurídico*, em 29 de julho de 2014.

[8] MORAIS, Jose Luis Bolzan de. Estado, Função Social e (os obstáculos da) Violência. Ou: Do "mal estar" na civilização à síndrome do medo na barbárie!" In: CALLEGARI, André Luís (Org.). *Política Criminal*: Estado e Democracia. Rio de Janeiro: Lumen Juris, 2007, p. 77.

– um instrumento de civilização capaz de induzir uma *pax* civilizatória (?), com todas as limitações que marcam a prevalência de valores, desconectando direito e ética.

E o Direito Penal acompanha este movimento e esta história de punições.

4. O Direito Penal simbólico, o inimigo e a doutrina Parot

Gracia Martín[9] considera este Direito Penal moderno como manifestação do chamado Direito Penal do Inimigo, ou seja, de uma tendência expansiva do Direito Penal que, formalmente, dá lugar a uma ampliação dos âmbitos de intervenção daquele e, materialmente, a uma flexibilização perigosa em termos de princípios e garantias penais liberais do Estado de Direito. A verdade é que, para os proponentes deste Direito Penal do Inimigo, "indivíduo" e "pessoa" são conceitos distintos. Entretanto, a ideia de "dignidade humana" parece ser o argumento decisivo contra o Direito Penal do Inimigo. Salientamos, contudo, que o direito da sociedade atual, chamada "do risco", apresenta algumas modificações necessárias, inclusive com alguma expansão inevitável,[10] o que não significa dizer que se possa com isso confundir a concepção, nada legítima, de um Direito Penal do Inimigo. Prittwitz,[11] inclusive, refere que enquanto o Direito Penal do Risco descreve uma mudança no modo de entender o Direito Penal e de agir dentro dele – mudança esta resultado de uma época, estrutural e irreversível, com oportunidades e riscos – o Direito Penal do Inimigo é, em contrapartida, consequência fatal e que deve ser repudiado como um Direito Penal do Risco que se desenvolveu e continua a se desenvolver na direção errada.

Defensores desta corrente como Jakobs[12] *v.g.*, sustentam que há indivíduos (os "inimigos") que, através de seus comportamentos, se afastam do Direito de modo permanente. Tais indivíduos já não proporcionam a necessária "segurança cognitiva mínima" necessária para seu tratamento como "pessoa". Tal atributo deveria ser apresentado por todos os indi-

---

[9] GRACIA MARTÍN, Luis. Consideraciones críticas sobre el actualmente denominado Derecho Penal del Enemigo. *Revista Electrónica de Ciencia Penal y Criminología* – RECPC 07-02 (2005). Disponível em: <http://criminet.ugr.es/recpc>. Acesso em: 20 fev. 2014.

[10] CALLEGARI, André Luís; ANDRADE, Roberta Lofrano. *Sociedade do Risco e Direito Penal.* In: CALLEGARI, André Luís (Org.). Direito Penal e Globalização. Sociedade do Risco, Imigração Irregular e Justiça Restaurativa. Porto Alegre: Ed. Livraria do Advogado,2011, p. 21.

[11] PRITTWITZ, Cornelius. O Direito Penal entre Direito Penal do Risco e Direito Penal do Inimigo: tendências atuais em Direito Penal e política criminal. In: *Revista Brasileira de Ciências Criminais*, n. 47, São Paulo: Ed. Revista dos Tribunais, 2004, p. 32.

[12] JAKOBS, Günther. Direito Penal do Cidadão e Direito Penal do Inimigo. In: JAKOBS, Günther; CANCIO MELIÁ, Manuel. *Direito Penal do Inimigo, Noções e Críticas.* Porto Alegre: Livraria do Advogado, 2005. p. 35 e 42.

víduos que desejem ser tratados como "pessoas", no sentido normativo. Quem não oferece tal garantia cognitiva mínima é visto como inimigo. Assim, a reação social não será a compensação de um dano ante a vigência de uma norma, mas a eliminação de um perigo, através de um castigo dirigido ao futuro. Para prevenir esses delitos castiga-se por antecipação. Vale referir que Silva Sanchez denomina como "Direito Penal de terceira velocidade" este setor do Direito que contempla penas privativas de liberdade mais rigorosas com regras processuais e de imputação mais flexíveis, assemelhado ao Direito Penal do Inimigo, de Jakobs.

Também por isso, Jakobs, ao sustentar um Direito Penal do inimigo (*Feindstrafrecht*) contrário a um Direito Penal dos cidadãos (*Burgerstrafrecht*), parte de uma concepção contratualista. Entretanto, ele sustenta que o inimigo não firma este contrato social, ou então, se o faz, acaba renunciando a este, em uma opção individual, voltando-se contra a sociedade, gerando sua expulsão do próprio grupo por ela, que tem o poder de determinar quem são seus membros. Essa sociedade, que geralmente reclama o cidadão como membro, a fim de castigá-lo com uma pena que só existe e é legítima dentro dela (e para dar-lhe a oportunidade de reintegrar-se a ela), pode expulsá-lo, em caso de rebeldia ou traição, o que seria uma recaída no estado de natureza. Nestes casos, não são castigados como súditos, mas como inimigos. Dito isso, deve-se reconhecer que o fim de tudo não é a imposição de uma pena, mas de uma vingança em um estado de guerra onde, geralmente, não existem garantias. Entendemos que a metáfora representa uma opção contratual coletiva ou social, e não individualista. A metáfora do contrato social é condição real de possibilidade do Direito. Representa a renúncia de parcelas de liberdades individuais em nome de uma mínima convivência possível a ser garantida pelo Estado, pois foi criado para facilitar a convivência social, e não para destruí-la. Jakobs percebe o contrato como opção individual, aproximando-se da concepção individualista de Hobbes, para quem eram inimigos aqueles contrários ao contrato social, ou seja, aqueles que manifestam condutas próprias de um estado de natureza, e que, portanto, podiam ser punidos conforme as regras deste mesmo estado de natureza, onde todos são inimigos entre si; Jakobs também parte da existência dos grupos humanos paralelos: uma sociedade civil por um lado, e um grupo de inimigos em estado de guerra por outro (ou seja, de um lado os que assumiram o pacto; de outro, aqueles que não o fizeram). Isto tudo gira em torno de um eixo comum, qual seja o de se considerar determinados indivíduos como objetos, e não sujeitos de direitos, tônica da abordagem do direito penal do inimigo.[13] Conforme Cancio Meliá, na percepção do

---

[13] REGHELIN, Elisangela Melo. Entre terroristas e inimigos... *Revista Brasileira de Ciências Criminais*, ano 15, n. 66, mai/jun. 2007, p. 276.

professor alemão, o Direito Penal não vale mais do que a ordem social que contribui para manter e, portanto, só pode extrair sua legitimidade na última instância da existência de normas legítimas. Não se estaria tratando do Direito Penal de uma sociedade desejável, e sim do Direito Penal daquela sociedade que o sistema jurídico gerou por diferenciação. A decisão sobre o alcance dos processos de criminalização seria matéria puramente política, e não jurídico-penal.[14]

Cancio Meliá[15] reconhece o perigo desta concepção teórica que pode ser usada para fins ilegítimos. Por isto, o professor madrilenho defende a reação penal conforme critérios de proporcionalidade e de imputação, os quais se encontram na base do sistema jurídico-penal comum. Sobre os tais "fins ilegítimos" pode-se recordar que a política também pode ser utilizada (ou utilizar-se) destas perigosas concepções para inúmeras finalidades, jamais podendo ser deixada de lado neste tipo de discussão. Constata-se, no dizer de Cancio Meliá acerca das tendências de esquerda ou direita políticas, respectivamente:

> [...] de una línea que identificaba la criminalización de determinadas conductas como mecanismos de represión para el mantenimiento del sistema económico y político de dominación a una línea que descubre las pretensiones de neo-criminalización como los delitos en que las víctimas son mujeres maltratadas o delitos de discriminación, etc. Las derechas políticas también hacen uso de ese Derecho Penal en el sentido demagógico en el momento en que, aunque nadie quiera ser considerado conservador, se sabe que la aprobación de normas penales es una vía para adquirir matrices políticas progresistas, o sea, se sabe cuanto puede ser rentable el discurso de ley y orden.[16]

Enfim, em nome de uma "defesa social" extremada formula-se e aplica-se um Direito Penal constituído de asserções metafísicas.[17] A ferocidade legislativa é tal que o Direito Penal já não é mais a *ultima ratio*.

Digno de registro é a importância que possui a mídia quanto ao sentimento de insegurança pública que pode ser criado ou acentuado. Efetivamente, os meios de comunicação não geram sentimento de insegurança quando divulgam fatos violentos, mas sim quando induzem à conclusão de que o Estado deve reformar a legislação penal (quase sem-

---

[14] CANCIO MELIÁ, Manuel. O estado atual da política criminal e a ciência do Direito Penal. In: CALLEGARI, André Luís; GIACOMOLLI, Nereu José (Coords.) *Direito Penal e Funcionalismo*. Porto Alegre: Livraria do Advogado, 2005, pp. 112-113.

[15] CANCIO MELIÁ, Manuel. Direito Penal do Inimigo. In: JAKOBS, Günther; CANCIO MELIÁ, Manuel. *Direito Penal do Inimigo, Noções e Críticas*. Porto Alegre: Livraria do Advogado, 2005. p. 72-78.

[16] CANCIO MELIÁ, Manuel. O estado atual da política criminal e a ciência do Direito Penal. In: CALLEGARI, André Luís; GIACOMOLLI, Nereu José (Coords.). *Direito Penal e Funcionalismo*. Porto Alegre: Livraria do Advogado, 2005, p. 103-104. CALLEGARI, André Luís; DUTRA, Fernanda Arruda. Derecho Penal del Enemigo y Derechos Fundamentales. In: CANCIO MELIÁ, Manuel; GÓMEZ-JARA DÍEZ, Carlos (Coords.). *Derecho Penal del Enemigo*: el discurso penal de la exclusión. Vol. I, Ed. BdeF: Montevidéo-Buenos Aires, 2006, pp. 325-340.

[17] FABRICIUS, Dirk. *Law and society in the criminal sciences*: entering a non-natural world. Disponível em: <www.mpipf.mpg.de/MPIPF/vw-symp-texte/fabricius.pdf>. Acesso em: 15 fev. 2012.

pre acusada de ineficaz) e propor o aumento das penas, submetendo todos a uma vida quase que insuportavelmente regulada, e ainda, sem qualquer respeito à proporcionalidade entre fato e castigo. Assim, fica a ideia de que sem muitas leis, sem muitos rigores, sem até mesmo a imposição de uma solução através da força, não há saída.[18] No entanto, pouco se investe em discussões mais aprofundadas sobre temas relevantes, e seriam muitos, a partir de premissas fundamentais, as quais são diuturnamente violadas em nome da angústia coletiva e dos interesses políticos que esta angústia proporciona. Isto faz-nos lembrar da famosa e sempre atual assertiva do criminólogo norte-americano Jeffery *"mais leis, mais penas, mais policiais, mais prisões, significam mais presos e maior repressão, porém não necessariamente menos delitos".*[19] É o que se vê diariamente, sem, no entanto, encontrar-se uma resposta satisfatória. Enquanto isto, soluções mágicas são apresentadas a todo o momento como panaceia para os males da alma social.

O atual discurso inflamado e inflamante da chamada segurança cidadã venera o medo e expõe a superampliada imagem perigosa do delinquente. Para tanto, busca-se no indivíduo, não apenas características físicas ou sociais, mas sim "atributos" que o identifiquem como gerador de insegurança coletiva, para quem a única e mais simples solução é a inocuização, o alijamento da sociedade, preferencialmente, de modo perpétuo.

Mesmo sabendo-se que a violência é "um elemento estrutural do fato social e não um saldo negativo anacrônico de uma ordem bárbara em vias de desaparecimento",[20] busca-se a "efetividade da justiça penal" a qualquer preço, criando-se monstros irreparáveis. Em nome da defesa social, vale tudo, inclusive a destruição de princípios constitucionais e das instituições, como se verifica a todo momento. Como refere Diéz Ripollés:[21] *"La búsqueda de la efectividad a corto plazo no sólo deja sin satisfacer sus objetivos pragmáticos declarados, sino que produce unos efectos devastadores en la estructura de racionalidad del Derecho Penal".* Aliás, deste modo, a sociedade norte-americana quadruplicou sua população carcerária em uma década, e a espanhola duplicou a sua desde os anos 80.[22]

---

[18] LARRAURI PIJOAN, Elena. Populismo punitivo y penas alternativas a la prisión. In: BACIGALUPO, Silvina; CANCIO MELIÁ, Manuel (Coords.). *Derecho Penal y Política Transnacional.* Barcelona: Atelier, 2005. p. 312.

[19] JEFFERY, C. Ray. Criminology as an interdisciplinary behavioral science. *Criminology.* Vol. 16, n. 2, 1978. p. 146-169.

[20] MAFFESOLI, Michel. *Dinâmica da Violência.* São Paulo: RT/Vértice, 1987. p. 21.

[21] DÍEZ RIPOLLÉS, José Luis. De la sociedad del riesgo a la seguridad ciudadana: un debate desenfocado. In: BACIGALUPO, Silvina; CANCIO MELIÁ, Manuel (Coords.). *Derecho Penal y Política Transnacional.* Barcelona: Atelier, 2005. p. 275.

[22] LARRAURI PIJOAN, Elena. Populismo punitivo y penas alternativas a la prisión. In: BACIGALUPO, Silvina; CANCIO MELIÁ, Manuel (Coords.). *Derecho Penal y Política Transnacional.* Barcelona: Atelier, 2005. p. 287-288.

Na verdade, o populismo penal ganhou muitos adeptos. Reformular as irremediáveis preocupações com a segurança individual, plasmando-as na ânsia pelo combate ao crime, efetivo ou potencial e, assim, de defesa da segurança pública é um eficiente estratagema político que pode dar belos frutos eleitorais.[23] Deste modo, a aproximação entre as políticas criminais dos Estados Unidos e Europa é evidente. Percebe-se a tendência geral de deslocar todas as questões públicas para a área do Direito Penal, uma tendência a criminalizar problemas sociais e, particularmente, aqueles que são considerados ou que podem ser construídos como – capazes de afetar a segurança da pessoa, do corpo ou da propriedade.[24] O Estado e suas estruturas mais importantes faliram: não se consegue mais oferecer boas perspectivas aos mais jovens, nem apoio ou assistência aos mais idosos. Por outro lado, cada vez mais são implementadas políticas extremas de controle aliadas à privatização de áreas antes consideradas essenciais.[25] Como refere Tavares: *"De un Derecho Penal orientado hacia la persona se pasa a un Derecho Penal orientado hacia el Estado. Tal vez en este paso se pueda encontrar el gérmen de la crisis del Derecho Penal actual"*.[26]

Dito isso, observam-se algumas decisões, não somente legislativas, mas também judiciais, que refletem esta tendência de um Direito Penal simbólico voltado aos inimigos, como é o caso da Doutrina Parot, em detrimento de qualquer lógica racional de Estado.

A partir da decisão judicial do Tribunal Supremo espanhol, em 2006, exarada em relação ao recurso interposto por membro da organização terrorista ETA, de nome Henri Parot estabeleceu-se que benefícios penitenciários devem ser calculados sobre cada pena individualmente, e não sobre o prazo máximo, de 30 anos, que é o limite ao qual um indivíduo pode ser submetido à privação de liberdade na Espanha, assim como no Brasil.

O Tribunal Europeu de Direitos Humanos, TEDH, declarou em 2012 que a Doutrina Parot violava a Convenção Europeia de Direitos Humanos, determinando a colocação em liberdade de uma integrante do ETA, que havia sido condenada a mais de três mil anos de prisão por vários atentados terroristas, já que a mesma tinha remido 12 anos de prisão com trabalho e estudos, além de ter cumprido outros 18. O TEDH entendia, conforme o artigo 7º da Convenção, que o princípio da irretroatividade da lei penal mais severa estava sendo vulnerado, embora nem o Tribu-

---

[23] BAUMAN, Zygmunt. *Em Busca da Política*. Rio de Janeiro: Jorge Zahar, 2000. p. 59.

[24] *Ibidem.*

[25] TAVARES, Juarez. Globalización, Derecho penal y seguridad pública. In: BACIGALUPO, Silvina; CANCIO MELIÁ, Manuel (Coords.). *Derecho Penal y Política Transnacional*. Barcelona: Atelier, 2005. p. 308.

[26] *Idem*, p. 307.

nal Supremo espanhol, nem o Tribunal Constitucional assim o tivessem considerado. Mesmo assim, o Tribunal Supremo espanhol entendeu que não poderia colocar em liberdade indivíduos cumprindo longas penas por terrorismo, e prolongou as medidas, instaurando-se grande debate no país sobre a questão, que segue polêmica, como se depreende dos inúmeros *sites* publicando, a todo momento, notícias a respeito.[27]

Resultante de todo este movimento, evidentemente, a preocupação com a legislação penal espanhola segue mais dinâmica do que nunca. O medo do terrorismo e de todo o tipo de criminalidade está fazendo com que o legislador, movido pelo Direito Penal mágico ou de emergência, opere estendendo e intensificando delitos e penas. Assim, *de lege ferenda*, o Anteprojeto de Reforma do Código Penal já antecipava a possibilidade de criação das custódias de segurança, medidas de segurança privativas de liberdade para indivíduos imputáveis perigosos a serem cumpridas após a pena de prisão, como forma de prorrogação da privação de liberdade. A par disto, previa a pena de prisão perpétua, denominada com ares mais sofisticados por "prisión permanente revisable", para não afrontar a clássica visão europeia de proibição de penas degradantes. Afora isto, maiores exigências para a obtenção de benefícios penitenciários aliados a outra mudanças propostas tornavam o conjunto da obra por demais rigoroso. Receosos da não aprovação, ou até mesmo de um repúdio internacional ao pacote, desistiu-se da custódia de segurança e optou-se pela manutenção da prisão permanente revisável. O anteprojeto foi aprovado em 20 de setembro de 2013, tornando-se o atual Projeto de Reforma do Código Penal espanhol.

5. A prisão permanente revisável no Projeto de Reforma do Código Penal espanhol

Na União Europeia não existe mais a prisão perpétua no sentido de uma prisão inflexível, para toda a vida. Nos países que a adotam, ela é revisável e sujeita à liberdade vigiada, posteriormente. A pena é revisável aos 26 anos na Itália, entre 20 e 25 anos na Grã-Bretanha, aos 20 anos na Grécia, aos 15 anos na França, Alemanha, Áustria e Suíça, aos 12 anos na Dinamarca, e aos 7 anos na Irlanda.[28] É interessante referir tais dados porque na Espanha, onde não existe prisão perpétua, exige-se o cumprimento, atualmente, de forma integral, dos 40 anos de prisão no

---

[27] MORA, Miguel; FABRA, María. El Tribunal de Estrasburgo tumba la Doctrina Parot. *El País*, <http://elpais.com/tag/doctrina_parot/a/>, acessado em 7 de setembro de 2014.

[28] GUDÍN RODRÍGUEZ-MAGARIÑOS, Faustino. *La nueva medida de seguridad postdelictual de libertad vigilada*. Especial referencia a los sistemas de control telemáticos. Valencia: Tirant lo Blanch, 2012, p. 137.

caso de terrorismo, o que poderia ser uma "cadena perpetua encubierta", sendo mais gravoso que a pena de prisão perpétua de outros países, que é revisável. Também a própria doutrina "Parot" tem sido considerada uma "cadena perpetua"[29] e a Espanha, com o cumprimento integral das penas, alcança hoje uma das maiores populações carcerárias da Europa. Veja-se que hoje a Espanha possui um dos percentuais mais altos quanto ao número de reclusos na Europa (164 presos por 100 mil habitantes), enquanto a média europeia é de 63 a cada 100 mil. Porém, a taxa de criminalidade na Espanha é de 47,6 por 100 mil habitantes, muito diferentemente da taxa europeia, que é de 70,4.[30] A Espanha mantém uma das políticas penais mais duras da Europa Comunitária quanto à aplicação das medidas privativas de liberdade. Seu Código Penal e posteriores reformas fizeram esta taxa subir de modo contínuo.[31] Enquanto tem-se em torno de 591.443 reclusos na União Europeia; já nos EEUU são 2.050.000 presos, além de 6,9 milhões de pessoas encontram-se sujeitas a medidas penitenciárias sobre uma população global de 302.688.000 (3.2% da população adulta). Na Espanha, eram 64 mil presos no ano 2000, e 76.771 presos em 2009, distribuídos em 82 centros penitenciários (a quarta parte é de prisões preventivas). Se consultarmos os dados do início da década de 90, a população penitenciária era de 33 mil reclusos, o que representa, se comparados a hoje, um incremento de cerca de 130%.[32] De 1980 (com 18.583 presos) a 2009 (com 76.771 presos), a Espanha quadruplicou sua população penitenciária. Nos últimos anos o incremento continua sendo, em média, de 3 mil novos presos por ano.[33]

A proposta de prisão permanente revisável nasceu, não apenas para combater aos terroristas, mas também para a criminalidade mais comum, especialmente diante dos casos rumorosos como aquele envolvendo o homicídio de Marta del Castillo, em Sevilla,[34] o qual teria sido cometido

---

[29] GUDÍN RODRÍGUEZ-MAGARIÑOS, Faustino. *La nueva medida de seguridad postdelictual de libertad vigilada*. Especial referencia a los sistemas de control telemáticos. Valencia: Tirant lo Blanch, 2012, p. 138.

[30] *Ibidem*. No mesmo sentido, citando as Estatísticas penais do Consejo de Europa: <www.coe.int/justice>, referido por CAPDEVILA, Manel; FERRER PUIG, Marta. *Tasa de reincidencia penitenciaria 2008*. Año 2009. Documentos de Trabajo. Investigación. Investigación propia, 2008.Àmbit Social i Criminològic. Centre d´Estudis Jurídics i Formació Especialitzada. Generalitat de Catalunya. Department de Justicia, pp. 1-237.

[31] CAPDEVILA, Manel; FERRER PUIG, Marta. *Tasa de reincidencia penitenciaria 2008*. Año 2009. Documentos de Trabajo. Investigación. Investigación propia, 2008.Àmbit Social i Criminològic. Centre d´Estudis Jurídics i Formació Especialitzada. Generalitat de Catalunya. Department de Justicia, pp. 1-237.

[32] GUDÍN RODRÍGUEZ-MAGARIÑOS, Faustino. *La nueva medida de seguridad postdelictual de libertad vigilada*. Especial referencia a los sistemas de control telemáticos. Valencia: Tirant lo Blanch, 2012, p. 40.

[33] *Idem*, p. 41.

[34] Há muitas notícias a respeito na internet, como por exemplo: <http://www.diariodesevilla.es/martadelcastillo>, acessado em 6 de setembro de 2014.

em 1991, pelo seu ex-noivo, que já apresentou cerca de nove versões para os fatos, mas acabou confessando o delito. A partir disso a família da vítima iniciou um movimento na Espanha pelo endurecimento das penas nestes casos, bem como pelo retorno da pena de prisão perpétua.

Interessante observar que menos de dois anos após a entrada em vigor do Código Penal espanhol, em 1995, o governo do Partido Popular, amplamente apoiado parlamentarmente, apresentou proposta de ante-projeto de reforma daquele diploma legal, transformado em Projeto de Lei em 20 de setembro de 2013. Sem dúvida, a grande novidade ficou por conta da prisão perpétua, revisável. Sustenta-se que, com a possibilidade das revisões periódicas e judiciais da pena drástica, possam ser alcança-das algumas vantagens em relação às penas longas de 25, 30 ou 40 anos, que hoje podem ser fixadas para delitos mais graves e sem qualquer pos-sibilidade de revisão, o que acaba violando o princípio da humanidade das penas, posto que inviabilizam qualquer horizonte de liberdade.

Assim, a Exposição de Motivos do referido Projeto de Lei,[35] refere "la necesidad de fortalecer la confianza en la Administración de Justicia hace preciso poner a su disposición un sistema legal que garantice reso-luciones judiciales previsibles que, además, sean percibidas en la socie-dad como justas".

Conforme o citado Projeto, a pena de prisão permanente revisável seria adotada em relação aos casos de homicídios especialmente graves, com a definição proposta pelo artigo 140 do projeto: "asesinato de meno-res de dieciséis años o de personas especialmente vulnerables; asesinatos subsiguientes a un delito contra la libertad sexual; asesinatos cometidos en el seno de una organización criminal; y asesinatos reiterados o come-tidos en serie". Ademais, poderia ser imposta em relação a outros delitos de especial gravidade, como "homicidio del jefe del Estado o de su he-redero, de jefes de Estado extranjeros y en los supuestos más graves de genocidio o de crímenes de lesa humanidad".

O instituto prevê um período mínimo de execução da pena. Após, o Tribunal tem duas opções: se houver condições para a colocação em li-berdade, estabelece um prazo de liberdade condicional, com medidas de controle e vigilância, a fim de atender ao fim de reinserção social do con-denado, bem como de garantir a segurança da sociedade; se constata que não há condições para a colocação em liberdade do indivíduo, fixa prazo para uma nova revisão daquela situação. O próprio TEDH já considerou modelos similares plenamente aceitáveis e ajustados à Convenção Eu-

---

[35] Projeto de Reforma do Código Penal espanhol, de 20 de setembro de 2013. Vide: <http://www.congreso.es/public_oficiales/L10/CONG/BOCG/A/BOCG-10-A-66-1.PDF>, acessado em 6 de se-tembro de 2014.

ropeia de Direitos Humanos, especialmente atendendo a seu artigo 3º.[36] O período mínimo de execução da pena é, nos termos da proposta, de 20 anos para o caso de homicídio terrorista, e de 15 anos para os demais casos. Também estabelece períodos mínimos de cumprimento para a obtenção de benefícios penitenciários, como 12 anos, no caso de homicídio terrorista, para os "permisos de salida", e oito anos nos demais casos. Tal pena não é de todo desconhecida do ordenamento penal espanhol, porém não chegou a ser prevista por nenhum Código Penal durante o século XX, tendo sido abolida durante a ditadura do General Primo de Rivera, com o Código de 1928. Nem mesmo a ditadura franquista, com suas modificações legislativas, propôs a reincorporação da pena em tela. Sem dúvida, uma das mais importantes modificações históricas do Direito Penal espanhol, portanto, conforme refere Cancio Meliá.[37] Aliás, o professor madrilenho critica o instituto de modo veemente, principalmente num país como a Espanha, a qual apresenta, atualmente, o regime penal mais severo da Europa ocidental quanto à duração da pena de prisão ordinária.

O novel instituto, que descortina uma apresentação sedutora, pode e pretende, na verdade, alcançar penas ainda mais longas, podendo alcançar a morte do indivíduo no cárcere, além de somar a possibilidade de aplicação da medida de segurança de liberdade vigiada projetada como complementar. A Espanha superaria, assim, a si mesma, em termos de câmbio qualitativo, através da decisão de política-criminal mais importante "desde el restablecimiento de un sistema jurídico-político de libertades en el año 1977".[38] Chama a atenção o simbolismo da medida, a qual, até 2012, era prevista apenas para casos de homicídio terrorista, tendo hoje alcançado amplo catálogo, sem que tenha havido uma discussão ou reflexão mais amadurecida a respeito ou a indicação de algum critério para esta eleição. Cancio Meliá critica ainda o que ele denomina como "técnica de camuflagem" legislativa, ou seja, tal espécie de pena somente foi introduzida no catálogo das penas previstas no Código Penal, conforme o Anteprojeto de Reforma, na última versão apresentada, restando, desde logo, aprovada, o que teria sido uma estratégia já conhecida utilizada em outros momentos pelo governo e sua base parlamentar, bem como ainda, a situação da nomenclatura, que mudou de "cadena perpetua" para "prisión permanente revisável".

---

[36] Vide Sentencia SSTEDH, 12 de fevereiro de 2008, caso Kafkaris versus Chipre; e de 3 de novembro de 2009, caso Meixner versus Alemania.

[37] CANCIO MELIÁ, Manuel. La pena de cadena perpetua ("prisión permanente revisable") en el Proyecto de reforma Del Código Penal. *Diario La Ley*, Tribuna, La Ley 7909/2013, año XXXIV, n. 8175, 22 de outubro de 2013, p. 1-5.

[38] *Idem*, p. 3.

Lamentavelmente, a sociedade ficou sem entender as decisões político-criminais propostas, posto que não se encontra razoabilidade na escolha frente ao princípio da necessidade de intervenção penal, princípio geral nascido dos ideais iluministas, regredindo o ordenamento espanhol a uma fase anterior aos idos de 1928, sem qualquer justificativa que não seja de caráter meramente simbólico. Veja-se que os parlamentares constituintes espanhóis, renunciaram, em 1978, data da Constituição vigente, à pena de prisão perpétua, estabelecendo, no artigo 25.2 da Carta Política, os ideais de reinserção social.

Resta evidente os interesses que subjazem à matéria, posto que o legislador espanhol considera a pena, agora adjetivada como "revisável", um modo de escapar a qualquer alegação de inconstitucionalidade diante da perpetuidade, que seria proibida. Do mesmo modo, encontrou no Direito comparado e nas decisões do TEDH decisões a confirmar a importância da revisão periódica da pena, esquecendo-se que em tradições jurídicas estrangeiras, principalmente nos Estados Unidos, a pena indeterminada sofre hoje imensa crítica e reformulação diante das chamadas *sentencing guidelines*, que pretendem evitar arbitrariedades e garantir a determinação da pena, quanti e qualitativamente, como garantia ao condenado, o que foge ao propósito do presente estudo neste momento. A Espanha parece rumar contrariamente às tendências internacionais, incluindo, quem diria e até mesmo, a tradição anglo-saxônica.[39] O fato é que para a tradição jurídica europeia e, principalmente, espanhola, a pena permanente revisável agride o mandato de determinação e certeza das penas, previsto pelo artigo 25.1 da Constituição, bem como o mandato reinserção social, previsto pelo artigo 25.2 do mesmo Estatuto Político. Por todas estas questões que é, juntamente com Cancio Meliá,[40] reputamos a proposta como "desnecessária, político-criminalmente inaceitável e mendaz, jurídico-tecnicamente desastrosa e inconstitucional". Importa lembrar que a Constituição de 1978 fala em reinserção social e reeducação e que, durante o período constituinte a pena perpétua e a pena de morta foram excluídas do ordenamento espanhol, sendo as penas limitadas a 15 ou 20 anos de privação de liberdade. Entretanto, com o passar dos anos, os ideais inocuizadores aliados ao medo do terrorismo acabaram transpondo todos os limites aplicáveis, inclusive, para a criminalidade mais corriqueira, o que, como já referido, é altamente estimulado por segmentos sensacionalistas da imprensa, bem como pelo legislador que promete mudanças que só ocorrem nos textos legais, e ainda, pelo protagonismo

---

[39] ZYSMAN QUIRÓS, Diego. *Castigo y determinación de la pena en los Estados Unidos*. Un estudio sobre las *Sentencing Guidelines*. Madrid: Marcial Pons, 2013.

[40] CANCIO MELIÁ, Manuel. La pena de cadena perpetua ("prisión permanente revisable") en el Proyecto de reforma Del Código Penal. *Diario La Ley*, Tribuna, La Ley 7909/2013, año XXXIV, n. 8175, 22 de outubro de 2013, p. 5.

dos movimentos de vítimas que acabam fazendo de suas discussões um verdadeiro ativismo em prol de um Direito Penal que resulta puramente simbólico. Verifica-se, assim, que embora os intentos da União Europeia harmonizar a legislação penal em termos de punições, cada vez mais a justificativa para o castigo se encontra menos necessária, preponderando outras naturezas de interesses pragmáticos. As razões que pretendem sustentar o *jus puniendi* estão sendo, paulatinamente, desconsideradas, o que nos parece extremamente preocupante. "El renacer de esta preocupación sobre la irracionalidad del sistema penal también parece indicar, en gran medida, una perdida de la importancia autônoma del problema axiológico sobre la justificación del castigo", como refere Zysman Quirós.[41] E como o autor espanhol conclui, "la modernidad tardia nos muestra, de este modo, que la preocupación profunda por la justificación del castigo parece Haber quedado absolutamente de lado".[42]

6. Violação (ainda) ao princípio da culpabilidade

Numa sociedade injusta, cujas falhas estruturais são, muitas vezes, causas imediatas da delinquência, a tensão dialética entre tais extremos não é simples. Quase sempre o dilema se resolve em favor da sociedade (prevenção geral), até porque todos os sistemas de controle social devem proteger os interesses sociais. O que desejamos é que esta finalidade preventiva geral possa cumprir a sua função de forma justa, racional e controlável, com o mínimo de custo de repressão e sacrifício das liberdades individuais. Se o Direito Penal não conseguir fazer isto, será tão cego e vazio como aquele que defendia as velhas teorias absolutas puramente retribucionistas, falidas, irracionais, incompatível com os fundamentos teórico-estatais da Democracia. Isso tudo mais parece um "ato de fé", ou uma suposição metafísica. Diz Roxin:

> A teoria da retribuição é ademais danosa do ponto-de-vista da política criminal. Pois uma teoria da pena que considera como essência da mesma o 'irrogar um mal', não conduz a nenhum caminho para uma execução moderna da pena que sirva a uma efetiva prevenção do delito. A execução da pena só pode ter êxito enquanto procura corrigir as atitude sociais deficientes que levaram o condenado ao delito; ou seja, quando está estruturada como uma execução ressocializadora preventivo especial. Para isso, a idéia de retribuição não oferece, em troca, nenhum ponto de apoio teórico.[43]

---

[41] ZYSMAN QUIRÓS, Diego. Castigo y determinación de la pena en los Estados Unidos. Un estudio sobre las *Sentencing Guidelines*. Madrid: Marcial Pons, 2013, p. 291.

[42] Idem, p. 290.

[43] ROXIN, Claus. A culpabilidade como critério limitativo da pena. *Revista de Direito Penal* n. 11/12, jul/dic, 1973, p. 7-20, p. 9.

De acordo, pois, com Roxin, quando diz que "o curso do meu pensamento se orienta então a desligar o conceito de culpabilidade do conceito de retribuição, geralmente considerados unidos indissoluvelmente,e a utilizá-lo somente na medida em que sirva para restringir o poder punitivo do Estado".[44]

Roxin também defende o princípio da culpabilidade como fator de limitação da pena, ainda que reconheça não ser possível uma limitação que seja matematicamente calculável. Para ele, a função político-criminal do princípio da culpabilidade consiste, sobretudo, em impedir abusos da pena de caráter geral ou especial preventivos. Para detalhar e precisar melhor a pena faz falta, na verdade, uma teoria racional específica da pena, como já se tem na Alemanha. Por mais difícil que seja, a culpabilidade como limitação da pena deve ser uma das máximas do juiz no sentido de aproximação do ideal. Embora difícil na prática, não modifica, em absoluto, a possibilidade teórica.[45]

A respeito refere Carvalho[46] que o princípio da culpabilidade demonstra a face ética do Direito Penal, que tem no homem o centro de seu sistema, cuja responsabilidade provém de sua dignidade de pessoa, capaz, por isso mesmo, de receber censurabilidade. Tal princípio, ademais, limita a pena, proibindo ao Estado o abuso na sanção punitiva, numa visão menos utilitarista de instrumentalização do homem para a satisfação do bem comum. Ousamos complementar no tocante à justificação ética do Direito Penal, que a nosso sentir não é apenas individual, como sustentam também autores como Hassemer, na Alemanha.[47] Há ainda que se referir que mais do que um problema de ordem individual, a culpabilidade não é fenômeno isolado, mas sim um fenômeno social, no dizer de Muñoz Conde.[48] A culpabilidade não é uma qualidade da ação, mas uma característica que se lhe atribui para poder imputar o fato criminoso a alguém. Por isso, é a correlação de forças sociais existentes em um momento determinado é que vai, em última instância, definir os limites do culpável e do não culpável; da liberdade e da não liberdade. Desse modo, não há uma culpabilidade em si (concepção individualista), mas uma culpabilidade em relação aos demais membros da sociedade, tanto

---

[44] ROXIN, Claus. A culpabilidade como critério limitativo da pena. *Revista de Direito Penal* n. 11/12, jul/dic, 1973, p. 11.

[45] *Idem*, p. 12.

[46] CARVALHO, Márcia Dometila Lima de. *Fundamentação Constitucional do Direito Penal*. Porto Alegre: Sergio Fabris, 1992. p. 64.

[47] HASSEMER, Winfried. *Persona, Mundo y Responsabilidad*. Bases para una teoría de la imputación en Derecho Penal. Valencia: Tirant lo Blanch, 1999. p. 116-117.

[48] MUÑOZ CONDE, Francisco; GARCÍA ARÁN, Mercedes. *Derecho Penal*: parte general. 6. ed. Valencia: Tirant lo Blanch, 2004. p. 355.

que modernamente propugna-se por um fundamento social em vez do tradicional elemento psicológico.

O Direito Penal não pode se afastar muito da vida cotidiana, embora algum afastamento seja sempre necessário, para que não se vincule a uma democracia demagógica como aquela que condena a ideia de ressocialização (entendida aqui como reinserção social) e clama pela pena de morte. A democracia encontra seu valor na sua dimensão substancial e não meramente formal-representativa, eis que o sistema político-cultural deve valorizar o indivíduo dentro das relações sociais que este mantém com o Estado e com as demais pessoas. No dizer de Lopes Júnior,[49] "a democracia é o fortalecimento e valorização do débil (no processo penal, o réu), na dimensão substancial do conteúdo". Tampouco pode ignorar a cultura vigente onde circunstâncias humanas e sociais intervêm a todo o momento. No juízo de censura, o Direito Penal cria uma ficção chamada culpabilidade, *asignando los factores criminógenos a la persona individual y poniéndola a luz de un reflector que aumenta la oscuridad que le rodea*.[50]

No Brasil, a Constituição Federal de 1988, em seu art. 1°, inciso III, fundamenta o Estado Democrático de Direito na dignidade da pessoa humana, e para tanto, deve-se contemplar como corolário desta dignidade, o princípio da culpabilidade (inciso LVII do art. 5°), ao qual se conectam outros princípios tais como o da presunção de inocência, o da individualização da pena e o devido processo legal. Diz o inc. XVII do art. 5° da Constituição Federal: "Ninguém será considerado culpado até o trânsito em julgado de sentença penal condenatória". Ainda, no mesmo artigo, o inc. XLVI consagra a individualização da pena, outro forte atestado da presença da culpabilidade no Texto Maior, já que a aplicação da pena tem esta por base, pois dela depende a escolha da sanção (quando houver alternativa) e sua quantificação.[51] Diz a Constituição italiana de 1947, em seu art. 27: "A responsabilidade penal é pessoal. O acusado não é considerado culpado senão quando de sua condenação definitiva". A Constituição da Nicarágua determina, em seu art. 34: "O réu tem direito a que se presuma sua inocência enquanto não se prove a sua culpabilidade de acordo com a lei". A Constituição da Costa Rica, no artigo 39, assegura: "Ninguém pode sofrer pena senão por delito, quase delito, ou contravenção sancionados por lei anterior, e em virtude de sentença definitiva, ditada por autoridade competente, garantida previamente a oportunidade da defesa, e mediante a necessária demonstração da

---

[49] LOPES JÚNIOR, Aury. *Introdução Crítica ao Processo Penal*: Fundamentos da Instrumentalidade Garantista. Rio de Janeiro: Lumen Juris, 2005. p. 143.

[50] HASSEMER, Winfried. *Persona, Mundo y Responsabilidad*. Bases para una teoría de la imputación en Derecho Penal. Valencia: Tirant lo Blanch, 1999. pp. 113-114.

[51] LUISI, Luis. *Os Princípios Constitucionais Penais*. 2. ed. Porto Alegre: Sergio Fabris, 2003. p. 37.

culpabilidade". A Constituição da Bolívia, em seu art. 16, afirma: "Presume-se a inocência do acusado enquanto não se prove a sua culpabilidade". A Constituição do Peru, na letra "c" do art. 29, refere: "Toda pessoa será considerada inocente enquanto não for declarada judicialmente a sua responsabilidade". Na Alemanha, a culpabilidade não vem expressa na Constituição. Apesar disso, muitos doutrinadores prelecionam que ela está implícita, pois, como ilustra Jeschek, a culpabilidade "é um postulado supremo da política criminal". Para Kaufmann, a culpabilidade encontra fundamento na dignidade da pessoa humana, o que na Constituição brasileira vem esculpida no art. 1º. Para o mestre italiano Mantovani, a culpabilidade é um "princípio de civilização jurídica, posto como alicerce dos modernos sistemas penais".[52]

Ante todas estas considerações, evidencia-se que a pena permanente revisável espanhola, agride todas as considerações possíveis acerca do princípio da culpabilidade, inclusive sob um olhar internacional, violando princípios derivados e fundamentais como o da individualização da pena e o mandato de reinserção social, atingindo, indelevelmente, a dignidade humana como pilar de um Estado que se quer Democrático de Direito.

7. Conclusões

Evidente nosso posicionamento crítico em relação à pena de prisão permanente revisável espanhola, por ora prevista como a grande novidade do projeto de reforma do Código Penal daquele país. Não nos convence a redação dada pela Exposição de Motivos do Projeto de Reforma[53] quando diz:

> La pena de prisión permanente revisable no constituye, por ello, una suerte de "pena definitiva" en la que el Estado se desentiende del penado. Al contrario, se trata de una institución que compatibiliza la existencia de una respuesta penal ajustada a la gravedad de la culpabilidad, con la finalidad de reeducación a la que debe ser orientada la ejecución de las penas de prisión.

No entanto, em termos de justificativa ante este posicionamento, entendemos por apresentar um arrazoado fundamentado, conforme segue.

Os ordenamentos jurídicos da maioria dos países ocidentais experimentam uma súplica por parte da sociedade clamando por "menos

---

[52] MANTOVANI, Ferrando. *Diritto Penale*. Padova: Ed. Cesar, 1988, p. 290.

[53] Projeto de Reforma do Código Penal espanhol, de 20 de setembro de 2013, de 20 de setembro de 2013. Vide: <http://www.congreso.es/public_oficiales/L10/CONG/BOCG/A/BOCG-10-A-66-1.PDF>, acessado em 6 de setembro de 2014.

direitos" e por "maior rigor nas penas". A tendência do Direito Penal moderno é ampliar o âmbito de intervenção, o que é possível e interessante em algumas áreas apenas. Entretanto, o desejo preponderante é por segurança a qualquer preço. Pergunta-se então até que ponto é legítima esta busca desenfreada? Vivemos, hoje, dois grandes fenômenos: a expansão do Direito Penal nesta moderna sociedade de risco e a intensificação penal, inovando e incrementando a punição de delitos de modo mais incisivo e rigoroso, aumentando penas, endurecendo critérios para a obtenção de benefícios penitenciários, restringindo garantias penais e processuais e ampliando tipos penais, como ocorre com frequência na matéria objeto de análise.

O Direito Penal não pode ser instrumento para a obtenção desta efetividade a qualquer preço, pois não é sua tarefa realizar as pretensões estatais à custa dos indivíduos. A democracia não significa a vontade da maioria. Nenhuma maioria ou mesmo unanimidade pode decidir aquilo que não é decidível: há uma esfera constitucionalmente subtraída à vontade da maioria, como a igualdade das pessoas ("desviadas" ou não) e os direitos fundamentais, como a vida e a liberdade, independentemente da vontade da maioria.[54] A legislação de emergência que informa o nosso sistema jurídico atual, muito utilizada para "acalmar" a população ou "conter" algum tipo de criminalidade, como referem Callegari e Motta,[55] vem informada pela máxima de que os fins justificam os meios, utilizando-se de um Direito Penal meramente simbólico para a produção de processos espetaculares.[56]

Evidentemente, não se pode negar que o Direito Penal deva transmitir sua mensagem sobre valores e representações simbólicas e valorativas para a sociedade, apontando e confirmando a vigência de um catálogo de bens que devem ser respeitados. Esse aspecto (que é uma das finalidades da pena enquanto prevenção geral positiva) é real e instrumental. Todavia, o problema é quando não há bem jurídico protegido, ou seja, quando as normas possuem meramente efeito simbólico. Para aqueles que defendem a primazia da prevenção geral positiva como responsável pela coesão social em torno de certos valores, há que se lembrar que ela deve ser limitada, caso contrário significará meramente vingança social (há que atentar para a necessidade coativa ou compulsiva de

---

[54] FERRAJOLI, Luigi. La pena in una società democratica. *Questione Giustizia*, Milano, n. 3-4, 1996. pp. 527-539.

[55] CALLEGARI, André Luís; MOTTA, Cristina Reindolff da. Estado e Política Criminal: a Expansão do Direito Penal como Forma Simbólica de Controle Social. In: CALLEGARI, André Luís (Org.). *Política Criminal*: Estado e Democracia. Rio de Janeiro: Lumen Juris, 2007, p.19.

[56] FERRAJOLI, Luigi. Per un programma di diritto penale minimo. In: PEPINO, Livio (Coord.). *La Riforma del Diritto Penale*: garanzie ed effettività delle techniche di tutela. Milano: FrancoAngeli, 1993. p. 57-69.

castigo por parte da sociedade, para que mantenha suas próprias repressões). E o Direito Penal, como já dito, deve ser a *ultima ratio*. A prevenção geral positiva trata da preservação da consciência social da norma como finalidade da pena, enquanto a retribuição e a "ressocialização", para os defensores desta corrente seriam apenas consequência ou fins secundários, cujos limites encontram-se nos direitos dos condenados. Porém, é em nome desta "coesão social", justamente na era de um neopunitivismo exacerbado, que esta finalidade está quase desfigurada. Não é por outra razão que os Estados Unidos possuem a maior população carcerária do mundo, além de "políticas de segurança" muito duras, independentemente da condição de (in)imputabilidade do sujeito infrator. Basta lembrar que até recentemente, doentes mentais e menores eram condenados à morte naquele país. Mesmo assim, políticas criminais europeias e norte-americanas estão coincidindo em muitos aspectos antes recriminados, como foi visto.

Quanto à legislação, esta reflete a dificuldade em manter o equilíbrio entre segurança e insegurança (e a maior insegurança resulta da falta de limites ao poder estatal). A segurança requer um poder, porém um poder limitado. As medidas e sanções devem ser compatíveis com os princípios próprios dos sistemas democráticos, uma vez que estes direitos são os que constituem a base destes sistemas. É nesta tensão permanente que se deve buscar um equilíbrio minimamente necessário para alcançar o máximo de segurança social e o máximo respeito aos direitos e garantias fundamentais. As regras de imputação não podem desvincular-se de um determinado conteúdo valorativo, ou seja, de uma determinada concepção de ser humano, de sociedade e de Estado. O ser humano possui garantias consideradas intangíveis em relação a todos, e qualquer violação é sempre um atentado à dignidade. E é exatamente a dignidade humana o argumento decisivo de índole constitucional, contrário ao Direito Penal do inimigo.

Vale lembrar que a hermenêutica penal, como qualquer outra, se funda na Constituição fazendo-se a leitura da norma infraconstitucional à luz da norma constitucional, de acordo com o propalado Princípio da Supremacia Imanente, regente de nosso sistema jurídico. Entretanto, princípios acabam sendo agredidos, quando a prevenção geral se sobrepõe ao princípio da culpabilidade e à prevenção especial, levando, sem escalas, ao Direito Penal de autor. Mais importante que a conduta em si, os modos de condução de vida estão sendo buscados e julgados. Vale lembrar como este Direito Penal do autor já foi utilizado, por exemplo, pela Escola de Kiel, na Alemanha nazista, ao considerar a perigosidade pela conduta de vida em geral, ou pelo modo como se comportava o indivíduo, por suas atitudes internas, seus valores, sua forma de pensar, e não tanto pelo comportamento ou atitudes "realmente" delitivas.

Uma norma penal, para que exista, não pode ser apenas legal, mas deve ser legítima, ou seja, deve apresentar conteúdos de política criminal, sem o quê o Direito Penal poderá ser utilizado como uma ferramenta vazia e de efeitos criminógenos, prejudicando, ademais, o próprio princípio da dignidade humana. O fato de ser difícil não invalida a assertiva. Daí que em nossa cultura jurídica, tanto brasileira como espanhola, há uma necessidade permanente de lembrar-se que o juízo de validade sobre uma norma não é apenas a análise dos seus requisitos formais, mas sim dos seus conteúdos substanciais. Não há dúvida de que o vocabulário da Teoria do Direito, no dizer de Ferrajoli,[57] deve ser enriquecido: vigência é apenas a validade formal, mas validade significa também a validade material. Nem a validade, nem a eficácia de uma norma podem ser deduzidas da sua vigência. Validade e vigência até coincidem nos Estados absolutistas, que possuem como único critério reitor acerca da produção normativa o princípio da mera legalidade. Ao revés, tais conceitos não coincidem nos Estados modernos de Direito, dotados de normas acerca da produção normativa que vinculam a validade das leis ao respeito às condições substanciais ou de conteúdo, dentre elas os direitos fundamentais previstos não apenas na Constituição, mas também em tratados internacionais. A mais grave consequência desta incompreensão é a confusão entre as dimensões do "ser" e do "dever ser" no Direito. Em todo caso, vale lembrar que a eliminação da dicotomia entre o "dever ser" e o "ser" não serve para ocultar a ilegitimidade política latente dos ordenamentos positivos.

Concordamos com Jakobs quando preleciona que o Direito Penal obtém sua legitimação material da necessidade de garantir a vigência das expectativas normativas (aquelas das que depende a própria configuração ou identidade da sociedade). Porém, isto não exclui, nem poderia, como menciona Gómez-Jara Díez,[58] o diálogo permanente entre essa mesma dogmática e a política criminal do nosso tempo, com todas as dificuldades que isso possa apresentar.

Lamentavelmente, o neorretribucionismo e a inocuização tornaram-se as principais referências do Direito Penal do nosso tempo e a contaminação do Direito e do Processo Penal por leis de exceção e de supressão de garantias faz com que a legislação ordinária acabe prevalecendo sobre a Constituição, e não o oposto,[59] causando a completa desordem do

---

[57] FERRAJOLI, Luigi. *Direito e Razão*: teoria do garantismo penal. São Paulo: Revista dos Tribunais, 2002. p. 292.

[58] GÓMEZ-JARA DÍEZ, Carlos. La retribución comunicativa como teoría constructivista de la pena: ¿El dolor penal como constructo comunicativo? *InDret*, abril n. 2, 2008, pp. 1-31.

[59] CALLEGARI, André Luís; MOTTA, Cristina Reindolff da. Estado e Política Criminal: a Expansão do Direito Penal como Forma Simbólica de Controle Social. In: CALLEGARI, André Luís (Org.). *Política Criminal*: Estado e Democracia. Rio de Janeiro: Lumen Juris, 2007, p.22.

Estado Democrático de Direito. Além disso, nos termos ditos por Streck[60] e para dificultar ainda mais qualquer processo de mudança quanto ao contexto ora apresentado há verdadeira "resistência refratária a uma reflexão mais aprofundada acerca do papel do direito nos séculos XX e XXI".

Referências

BAUMAN, Zygmunt. *Em Busca da Política*. Rio de Janeiro: Jorge Zahar, 2000.

CALLEGARI, André Luís; ANDRADE, Roberta Lofrano. *Sociedade do Risco e Direito Penal*. In: CALLEGARI, André Luís (Org.). *Direito Penal e Globalização*. Sociedade do Risco, Imigração Irregular e Justiça Restaurativa. Porto Alegre: Ed. Livraria do Advogado, 2011, p. 11-44.

——; DUTRA, Fernanda Arruda. Derecho Penal del Enemigo y Derechos Fundamentales. In: CANCIO MELIÁ, Manuel; GÓMEZ-JARA DÍEZ, Carlos (Coords.). *Derecho Penal del Enemigo*: el discurso penal de la exclusión. Vol. I, Ed. BdeF: Montevidéo-Buenos Aires, 2006, p. 325-340.

——; MOTTA, Cristina Reindolff da. Estado e Política Criminal: a Expansão do Direito Penal como Forma Simbólica de Controle Social. In: CALLEGARI, André Luís (Org.). *Política Criminal*: Estado e Democracia. Rio de Janeiro: Lumen Juris, 2007, p. 1-22.

CANCIO MELIÁ, Manuel. La pena de cadena perpetua ("prisión permanente revisable") en el *Proyecto de reforma Del Código Penal*. Diario La Ley, Tribuna, La Ley 7909/2013, año XXXIV, n. 8175, 22 de outubro de 2013, p. 1-5.

——. O estado atual da política criminal e a ciência do Direito Penal. In: CALLEGARI, André Luís; GIACOMOLLI, Nereu José (Coords.). *Direito Penal e Funcionalismo*. Porto Alegre: Livraria do Advogado, 2005, p. 89-115.

CAPDEVILA, Manel; FERRER PUIG, Marta. *Tasa de reincidencia penitenciaria 2008*. Año 2009. Documentos de Trabajo. Investigación. Investigación propia, 2008.Àmbit Social i Criminològic. Centre d´Estudis Jurídics i Formació Especialitzada. Generalitat de Catalunya. Department de Justicia, p. 1-237.

CARVALHO, Márcia Dometila Lima de. *Fundamentação Constitucional do Direito Penal*. Porto Alegre: Sergio Fabris, 1992.

DÍEZ RIPOLLÉS, José Luis. De la sociedad del riesgo a la seguridad ciudadana: un debate desenfocado. In: BACIGALUPO, Silvina; CANCIO MELIÁ, Manuel (Org.). *Derecho Penal y Política Transnacional*. Barcelona: Atelier, 2005, p. 243-282.

FABRICIUS, Dirk. *Law and society in the criminal sciences*: entering a non-natural world. Disponível em: <www.mpipf.mpg.de/MPIPF/vw-symp-texte/fabricius.pdf>. Acesso em: 15 fev. 2012.

FERRAJOLI, Luigi. *Direito e Razão*: teoria do garantismo penal. São Paulo: Revista dos Tribunais, 2002.

——. La pena in una società democratica. *Questione Giustizia*, Milano, n. 3-4, 1996. p. 527-529.

---

[60] STRECK, Lenio Luiz. Uma visão Hermenêutica do Papel da Constituição em Países Periféricos. In: CALLEGARI, André Luís (Org.). *Política Criminal*: Estado e Democracia. Rio de Janeiro: Lumen Juris, 2007, p. 145.

———. Per un programma di diritto penale minimo. In: PEPINO, Livio (Coord.). *La Riforma del Diritto Penale:* garanzie ed effetività delle techniche di tutela. Milano: FrancoAngeli, 1993. p. 57-69.

GÓMEZ-JARA DÍEZ, Carlos. La retribución comunicativa como teoría constructivista de la pena: ¿El dolor penal como constructo comunicativo? *InDret,* abril n. 2, 2008, p. 1-31.

GRACIA MARTÍN, Luis. Consideraciones críticas sobre el actualmente denominado Derecho Penal del Enemigo. *Revista Electrónica de Ciencia Penal y Criminología* – RE-CPC 07-02 (2005). Disponível em: <http://criminet.ugr.es/recpc>. Acesso em: 20 fev. 2014.

GUDÍN RODRÍGUEZ-MAGARIÑOS, Faustino. *La nueva medida de seguridad postdelictual de libertad vigilada.* Especial referencia a los sistemas de control telemáticos. Valencia: Tirant lo Blanch, 2012.

HASSEMER, Winfried. *Persona, Mundo y Responsabilidad.* Bases para una teoría de la imputación en Derecho Penal. Valencia: Tirant lo Blanch, 1999.

JAKOBS, Günther. Direito Penal do Cidadão e Direito Penal do Inimigo. In: JAKOBS, Günther; CANCIO MELIÁ, Manuel. *Direito Penal do Inimigo, Noções e Críticas.* Porto Alegre: Livraria do Advogado, 2005.

JEFFERY, C. Ray. Criminology as an interdisciplinary behavioral science. *Criminology.* Vol. 16, n. 2, 1978, p. 146-169.

JESCHECK, Hans Heinrich. *Tratado de Derecho penal.* Parte General. 5ª ed. Granada: Comares, 2003.

LARRAURI PIJOAN, Elena. Populismo punitivo y penas alternativas a la prisión. In: BACIGALUPO, Silvina; CANCIO MELIÁ, Manuel (Org.). *Derecho Penal y Política Transnacional.* Barcelona: Atelier, 2005.

LOPES JÚNIOR, Aury. *Introdução Crítica ao Processo Penal: Fundamentos* da Instrumentalidade Garantista. Rio de Janeiro: Lumen Juris, 2005.

LUISI, Luis. *Os Princípios Constitucionais Penais.* 2ª ed. Porto Alegre: Sergio Fabris, 2003.

MAFFESOLI, Michel. *Dinâmica da Violência.* São Paulo: RT/Vértice, 1987.

MANTOVANI, Ferrando. *Diritto Penale.* Padova: Ed. Cesar, 1988.

MELO, João Osório de. Juiz americano propõe guilhotina para execuções de penas de morte no país. *Revista Consultor Jurídico,* em 29 de julho de 2014.

MORA, Miguel; FABRA, María. El Tribunal de Estrasburgo tumba la Doctrina Parot. *El País,* <http://elpais.com/tag/doctrina_parot/a/>, acessado em 7 de setembro de 2014.

MORAIS, Jose Luis Bolzan de. Estado, Função Social e (os obstáculos da) Violência. Ou: Do "mal estar" na civilização à síndrome do medo na barbárie!" In: CALLEGARI, André Luís (Org.). *Política Criminal:* Estado e Democracia. Rio de Janeiro: Lumen Juris, 2007, p. 69-80.

MUÑOZ CONDE, Francisco; GARCÍA ARÁN, Mercedes. *Derecho Penal:* parte general. 6. ed. Valencia: Tirant lo Blanch, 2004.

PRITTWITZ, Cornelius. O Direito Penal entre Direito Penal do Risco e Direito Penal do Inimigo: tendências atuais em Direito Penal e política criminal. In: *Revista Brasileira de Ciências Criminais,* n. 47, São Paulo: Ed. Revista dos Tribunais, 2004.

PROJETO de Reforma do Código Penal espanhol, de 20 de setembro de 2013. Vide: <http://www.congreso.es/public_oficiales/L10/CONG/BOCG/A/BOCG-10-A-66-1.PDF>, acessado em 6 de setembro de 2014.

REGHELIN, Elisangela Melo. Entre terroristas e inimigos... *Revista Brasileira de Ciências Criminais,* ano 15, n. 66, mai/jun. 2007, p. 271-314.

ROXIN, Claus. A culpabilidade como critério limitativo da pena. *Revista de Direito Penal* n. 11/12, jul/dic, 1973, p. 7-20.

SENTENCIA SSTEDH, 12 de fevereiro de 2008, caso Kafkaris *versus* Chipre; e 3 de novembro de 2009, caso Meixner versus Alemania.

STRECK, Lenio Luiz. Uma visão Hermenêutica do Papel da Constituição em Países Periféricos. In: CALLEGARI, André Luís (Org.). *Política Criminal*: Estado e Democracia. Rio de Janeiro: Lumen Juris, 2007, p. 129-148

TAVARES, Juarez. Globalización, Derecho penal y seguridad pública. In: BACIGALUPO, Silvina; CANCIO MELIÁ, Manuel (Coords.). *Derecho Penal y Política Transnacional*. Barcelona: Atelier, 2005, p. 305-318.

WHITMAN, James Q. *Harsh Justice:* Criminal Punishment and the Widening Divide between America and Europe. New York: Oxford, 2003.

ZYSMAN QUIRÓS, Diego. Castigo y determinación de la pena en los Estados Unidos. Un estudio sobre las Sentencing Guidelines. Madrid: Marcial Pons, 2013.

— 3 —

Princípios penais constitucionais: uma abordagem crítica e atual

MARCOS VINICIUS MARTINS[1]

Sumário: 1. Introdução; 2. Breve desenvolvimento histórico e crítico; 3. Princípio da legalidade ou da reserva legal; 4. Princípio da igualdade; 5. Princípio da humanidade ou da humanidade da pena; 6. Princípio da culpabilidade; 7. Princípio da intervenção mínima; 8. Princípio da exclusiva proteção de bens jurídicos; 9. Princípio da idoneidade, efetividade ou eficácia; 10. Princípio da proporcionalidade; 11. Considerações finais; 12. Referências Bibliográficas.

1. Introdução

O presente trabalho tem por escopo abordar os princípios constitucionais penais a partir de uma visão crítica e dogmática, o que se faz na forma de uma abordagem prático-teórica, sem, contudo, realizar a profunda e complexa análise que a importância e amplitude do tema mereceriam, mas que se mostra impossível diante da singeleza do trabalho proposto.

2. Breve desenvolvimento histórico e crítico

A história do Direito Penal confunde-se com a própria história da humanidade, eis que, como se sabe, na sociedade humana, a prática de delitos (crimes) e a retribuição (castigo) pelos comportamentos contrários aos regramentos instituídos nos vários momentos históricos sempre existiram. A relação crime-castigo ganhou especial relevo com a descoberta da escrita, pois assim as regras transmitidas pela tradição e costumes puderam ser instrumentalizadas e serviram de guia aos estudiosos para que se pudesse compreender a evolução do Direito Penal ao longo

---

[1] Defensor Público do Estado do Rio Grande do Sul. Professor da Escola Superior da Defensoria Pública do Rio Grande do Sul.

dos tempos. Como se percebe, sem prejuízo da proclamada finalidade preventiva, a pena sempre teve uma forte carga retributiva, ou seja, a pena sempre foi uma forma de vingança. Assim, ao longo do processo histórico, nos tempos primitivos, ainda que de uma forma bem singela, é possível se observar a divisão da vingança em fases distintas: a fase da vingança privada, da vingança divina e da vingança pública.

A vingança privada consistia na imediata reação da vítima ou de sua família diante da agressão sofrida (*vindicta de sangue*). Essa reação, na maioria das vezes, não guardava nenhuma proporcionalidade com a violência suportada e era considerada não só direito, mas verdadeiro dever, sendo esta uma das razões de sua abolição, já que a aplicação da vingança privada gerava consequências desastrosas, dizimando famílias e tribos inteiras. Em decorrência do desuso da vingança privada surgiu a chamada Lei de Talião, que proclamava o "olho por olho, dente por dente", ou seja, ditava uma certa proporção entre agressão e reação. Com efeito, em que pese no atual estágio da humanidade esta forma de aplicação da justiça ser impraticável e até mesmo absurda, ela foi, sem dúvida, uma evolução frente à vingança privada tanto no aspecto moral, quanto jurídico.

Logo após, observamos o surgimento da "composição", onde o agressor, literalmente, "comprava" sua liberdade, através de dinheiro, gado, armas ou utensílios. Nesta fase, o Estado chamou para si a administração da justiça passando a julgar o suposto fato delituoso e aplicando a sanção cabível. Com isso, regulava os excessos praticados na vingança privada.

Já na fase da vingança divina, o Direito acabava por se confundir com a religião, sendo o crime uma espécie de pecado que tinha como consequência uma pena (castigo) divina, então aplicada pelo sacerdote.

A fase da vingança pública foi fortemente marcada pelos processos sigilosos, onde não se conhecia a acusação e as penas aplicadas eram, quase sempre, cruéis.

Ainda na evolução do Direito Penal, superada a análise desse momento primitivo, hão de ser destacadas as contribuições trazidas pelo Direito Romano, com o surgimento de importantes princípios penais, que versavam sobre a legítima defesa, imputabilidade, dolo e culpa, coação irresistível e agravantes entre outros.

Com os tempos modernos, foi possível contemplar o surgimento de correntes de pensamento filosófico-jurídico em matéria penal, interessadas no estudo do crime como fenômeno, seus fundamentos e objetivos enquanto sistema penal. Surgem, assim, as denominadas Escolas Criminais, com destaque a Escola Clássica e a Escola Positiva, por serem detentoras de posições filosóficas bem definidas. E, segundo Ferri:[2]

> La diferencia profunda entre Escuela Clásica y Escuela Positiva no radica tanto en sus conclusiones particulares, entre las que, como veremos en seguida, a veces puede existir acuerdo, ya que, por una parte, algunos clásicos se avienen a admitir ciertas propuestas prácticas de los positivistas (manicomios criminales, pena indeterminada, tratamiento de los delincuentes habituales, menores, etc.) y por otra, los positivistas han declarado siempre que pensaban utilizar las conclusiones más o menos ciertas y realistas, a las que en anatomía jurídica del delito y la pena habían llegado los clásicos, aun que proponiéndose, no obstante, completarlas con los datos positivos sobre el delincuente, hacia el que debe orientarse la justicia penal.

> Más bien la diferencia profunda y decisiva entre las dos escuelas se halla, ante todo, en el *método:* deductivo, de lógica abstracta, para la Escuela Clásica; inductivo y de observación de los hechos para la Escuela Positiva; aquélla, teniendo por objeto el 'delito', como entidad jurídica; ésta, en cambio, el 'delincuente', como persona que se revela más o menos socialmente peligrosa en el delito cometido.

A despeito das considerações tecidas sobre a pena como vingança, da proporcionalidade ou não, desta ou daquela reprimenda, não se pode olvidar que a vida em sociedade exige regras para uma salutar convivência. Tais regras são ditadas pelo Direito, através do ordenamento jurídico de um Estado, que disciplina as condutas e impõe sanções para o caso de descumprimento de suas normas, como parte de um sistema de controle social. Ocorre que, por vezes, as condutas dos indivíduos e os conflitos decorrentes de suas ações atingem tal complexidade e gravidade que os demais ramos do Direito se mostram incapazes de oferecer uma resposta que equacione de forma satisfatória o conflito e possibilite o restabelecimento da paz social. Aí surge o Direito Penal, como *ultima ratio*, ou seja, como o único instrumento capaz de tutelar aquela situação conflituosa. Outra não é a lição de Wessels,[3] quando afirma que: "A tarefa do Direito Penal consiste em proteger os valores elementares da vida comunitária no âmbito da ordem social e garantir a manutenção da paz jurídica (2). Como ordenação protetiva e pacificadora serve o Direito Penal à proteção dos bens jurídicos e à manutenção da paz jurídica".

Assim, o Direito Penal, no exato conceito que lhe empresta Asúa,[4] é o "Conjunto de normas y disposiciones jurídicas que regulan el ejercicio del poder sancionador y preventivo del Estado, estableciendo el concepto del delito como presupuesto de la acción estatal, así como la responsabilidad del sujeto activo, y asociando a la infracción de la norma una

---

[2] FERRI, Enrique. *Principios de Derecho Criminal: Delincuente y delito en la Ciencia, en La Legislación y en la Jurisprudencia.* Traducción por Jose-Arturo Rodriguez Muñoz. Madrid: Editorial Reus, 1933, p. 47-48.

[3] WESSELS, Johannes. *Direito Penal: Parte Geral-Aspectos Fundamentais.* Tradução do original alemão e notas por Juarez Tavares. Porto Alegre: Sergio Fabris, 1976, p. 3.

[4] ASÚA, Luis Jiménez. *La ley y el delito: Curso de Dogmatica Penal.* Caracas: Andrés Bello, 1945, p. 17.

pena finalista o una medida aseguradora". Quando inserto no ordenamento jurídico de um Estado Democrático de Direito, deve-se submeter a rígidos mecanismos de regramento e controle que têm por finalidade limitar sua atuação e prevenir arbitrariedades no exercício do *ius puniendi* estatal, eis que o Estado de Direito deve ser visto como um Estado de direitos fundamentais.

Dessa forma, no Estado brasileiro, o Direito Penal, como todos os demais ramos do Direito, submete-se ao chamado "Princípio da Supremacia da Constituição" que, na lição de Silva,[5]

> significa que a Constituição se coloca no vértice do sistema jurídico do país, a que confere validade, e que todos os poderes estatais são legítimos na medida em que ela os reconheça e na proporção por ela distribuídos. É, enfim, a lei suprema do Estado, pois é nela que se encontram a própria estruturação deste e a organização de seus órgãos; é nela que se acham as *normas fundamentais* de Estado, e só nisso se notará sua superioridade em relação às demais normas jurídicas.

Sendo o texto constitucional um limitador da ação estatal, o Direito Penal sofre as restrições impostas pela Constituição, justamente como forma de proteção aos direitos por ela tutelados. Assim, na lição de Franco:[6]

> O *ius puniendi* do Estado Democrático (e social) de Direito não é, nem poderia ser, um direito estatal, de caráter arbitrário, sem freios, nem limites. Ao contrário, tanto a própria estrutura do modelo jurídico adotado pelo Poder Constituinte como o fundamento funcional do Direito Penal, entendido como a indispensável e *amarga necessidade* da pena para proteção de bens jurídicos de extrema valia, contêm limitações, algumas vezes, formalmente explicitadas, outras, sem consagração expressa, mas decorrentes, nos termos do § 2º do art. 5º da Constituição.

Ao tutelar direitos através de instrumentos de garantia, o texto constitucional limita o poder estatal, em especial na aplicação do Direito Penal. Dessa forma, a criação e aplicação da lei submetem-se a claros princípios, elencados no art. 5º de nossa Magna Carta, que, não sem razão, se encontra topograficamente inserto no Capítulo I, que trata "Dos direitos e garantia individuais". Esse capítulo, por sua vez, faz parte do Título II, que trata "Dos direitos e garantias fundamentais".

Como se verifica, resta clara a opção de nosso legislador constituinte por uma destacada proteção aos direitos e garantias fundamentais.

Essa opção "garantista" do legislador constitucional, adotada na quase totalidade das legislações dos chamados "Estados Democráticos de Direito", tem sido alvo de várias e constantes críticas por grande parte

---

[5] SILVA, José Afonso da. *Curso de Direito Constitucional Positivo*. 15ª ed. São Paulo: Malheiros, 1998, p.47.
[6] FRANCO, Alberto Silva. *Crimes Hediondos: Anotações sistemáticas à lei 8072/90*. 4ª ed. São Paulo: Revista dos Tribunais, 2000, p. 50.

da população brasileira, que, influenciada pela mídia e, na maioria das vezes, sem conhecimento algum do tema criticado, aduz que a tão falada impunidade decorre das garantias constitucionais voltadas aos "marginais". Provavelmente, esses "críticos" esquecem, ou não fazem questão de lembrar, que neste país houve uma época, não muito distante, em que essas garantias não existiam ou eram sistematicamente desrespeitadas. Em decorrência disso, muitos cidadãos foram acordados no meio da noite, com sua porta "chutada" por agentes públicos que adentravam suas residências e de lá retiravam algum familiar sob a "acusação" de ser "subversivo". Esse ente querido era preso, torturado e, na maioria das vezes, nunca mais encontrado, sem que se tenha tido, na esmagadora maioria das vezes, qualquer acusação ou processo formal, como dão conta os vários relatos realizados junto à Comissão da Verdade.

O que não se pode olvidar é que uma das características das leis é a generalidade, ou seja, a lei vale para todos e a mesma lei que garante os direitos do "homem de bem", também garante os direitos do eventual delinquente. Sem qualquer pretensão de cercear opiniões, mas até mesmo a título de reflexão, propõe-se a seguinte indagação: quantos desses "críticos" são os mesmos que, no seu "agitado" dia a dia, estacionam na vaga destinada aos deficientes, afinal permanecerão ali por *"só um segundinho"*? Quantos são os mesmos que sonegam o imposto devido pois, afinal, a carga tributária é exorbitante e o Governo investe mal o dinheiro arrecadado? Desculpas não faltam e sempre sobram críticas à impunidade em que se vive. A nossa dita impunidade, diga-se de passagem, merece um tópico neste estudo, eis que, com a devida vênia, o que não se pode falar neste país é em impunidade, pois se realmente o Brasil fosse o país da impunidade, nossa população carcerária não teria crescido 508% entre e 1990 e 2012. Os dados são fruto de levantamento realizado pelo Instituto Avante Brasil,[7] utilizando dados do InfoPen, do Ministério da Justiça. Convém ressaltar que, no mesmo período apontado, a população do país cresceu aproximadamente 30%. Como reflexo, no final de 2012, a população carcerária do Brasil era de 548.003 presos, conforme dados do InfoPen.[8] Hoje, com dados recentes divulgados pelo Conselho Nacional de Justiça – CNJ –,[9] a população carcerária é de 711.463 presos, ou seja, atualmente nosso país "ostenta" a 3ª colocação no *ranking* da maior população carcerária do mundo, ficando atrás apenas dos Estados Unidos

---

[7] *In*: <http://www.cnj.jus.br/noticias/cnj/28746-cnj-divulga-dados-sobre-nova-populacao-carceraria-brasileira>, acesso em 08 de agosto de 2014.

[8] *In*: <http://portal.mj.gov.br/main.asp?View={D574E9CE-3C7D-437A-A5B6-22166AD2E896}&Team=&params=itemID={2627128E-D69E-45C6-8198-CAE6815E88D0};&UIPartUID={2868BA3C-1C72-4347-BE11-A26F70F4CB26}>, acesso em 08 de agosto de 2014.

[9] *In*: <http://www.cnj.jus.br/noticias/cnj/28746-cnj-divulga-dados-sobre-nova-populacao-carceraria-brasileira>, acesso em 08 de agosto de 2014.

e da China. Claro que esses dados podem ser "irrisórios" quando comparados aos de países como os Estados Unidos, que detêm 5% da população global e 25% da população carcerária do mundo. Porém, diante de nossa realidade tupiniquim, em especial da caótica situação do sistema prisional do país, os números são extremamente significativos.

O tema da impunidade sempre norteou os mais inflamados discursos políticos e os noticiários de alguns ramos da imprensa, preocupados com a vendagem de seus jornais e revistas e audiência de seus programas, sejam radiofônicos ou televisivos. Nos anos 80, o discurso ganhou corpo, forte nos ideais do Movimento Lei e Ordem (*Law and Order*), que surgiu nos Estados Unidos como reação ao "suposto" crescimento dos índices de criminalidade e foi "importado" por segmentos da sociedade brasileira que eram defensores dos mesmos conceitos. Há de se ressaltar que o posicionamento aqui expresso não desconhece os índices de criminalidade no país e no mundo, nem pretende afirmar que a violência decorre simplesmente da imaginação do cidadão. Sabe-se que a violência é um fato que deve ser combatido pelo Estado, no entanto também há de se destacar que esse combate deve ser norteado pelas garantias do cidadão e completamente dissociado de vinganças pessoais.

Com efeito, o Brasil, em especial após o surgimento do Movimento Lei e Ordem, tem aprendido a conviver com os famosos "discursos penais de emergência", ou seja, sempre que se tem notícia de algo que possa causar um "desconforto" na opinião pública, alguns parlamentares, normalmente influenciados pela mídia ou pelo desejo de notoriedade, acabam por produzir textos normativos de afogadilho, na esperança de que um simples comando legislativo possa, efetivamente, por termo àquela situação. Do entendimento supra, comunga Toledo,[10] ao afirmar que: "Não percebem os que pretendem combater o crime com a só edições de leis que desconsideram o fenômeno criminal como efeito de muitas causas e penetram num círculo vicioso invencível, no qual a própria lei penal passa, frequentemente, a operar ou como importante fator criminógeno, ou como intolerável meio de opressão."

Em decorrência desse fenômeno, contempla-se o nascimento de inúmeros projetos legislativos. Os exemplos são muitos, sendo que alguns desses projetos resultaram em textos legais conhecidos, como a Lei 8.072/90 – a Lei dos Crimes Hediondos. Esse texto legal, como se sabe, produzido às pressas, para que se pudesse oferecer uma resposta à opinião pública diante dos rumorosos casos de sequestro de empresários do centro do país, foi resultante de uma série de projetos em tramitação no Congresso Nacional. Alguns desses projetos tinham origem na Câmara

---

[10] TOLEDO, Francisco de Assis. *Princípios básicos de direito penal.* 5ª ed. São Paulo: Saraiva, 1994, p. 5.

dos Deputados, outros no Senado Federal e até mesmo no Poder Executivo.

Dessa forma, embora a origem do projeto resultante na Lei 8.072/90 enseje controvérsias na doutrina – eis que, para Monteiro,[11] a autoria imediata é do Projeto de Lei n° 50/90 (17-05-90), do Senado Federal, de autoria do Senador Odacir Soares, enquanto para Franco,[12] a lei teria se originado do Projeto Substitutivo n° 5.405/90, de autoria do Dep. Roberto Jeferson –, certo é que há concordância relativamente à celeridade da aprovação, visto que foi fruto de acordo entre todos os líderes de bancada. Assim, o substitutivo da Câmara dos Deputados foi lido no Senado Federal no dia 29 de junho, tendo sido o projeto votado e aprovado no plenário já no dia 10 de julho. A mensagem ao Presidente da República para sanção do texto foi enviada no dia seguinte e, no dia 25 de julho, o projeto se transformou em lei, sendo publicada e entrando em vigor na mesma data.

Quando se diz que sua produção se deu às pressas é porque, como se verifica acima, o referido texto legal foi objeto de tramitação assustadoramente rápida, eis que, desde a leitura do substitutivo da Câmara dos Deputados, no Senado Federal, até a publicação e entrada em vigor da lei, decorreram menos de 30 dias. O resultado de tanta "celeridade" já se conhece. Seus inúmeros defeitos legislativos, sempre proclamados e combatidos pela doutrina e objetos de incontáveis embates nos tribunais, acabaram por fazer com que, somente em 23 de fevereiro de 2006, o Plenário do Supremo Tribunal Federal (STF), por 6 votos a favor e 5 contra, ao julgar o Habeas Corpus (HC) n° 82.959/SP, declarasse a inconstitucionalidade do § 1° do art. 2° da Lei n° 8.072/90, reconhecendo assim a violação ao princípio da individualização da pena. Como consequência dessa declaração de inconstitucionalidade, sobreveio a Lei n° 11.464, de 2007, que, dando nova redação ao § 1°, do art. 2°, dispôs que a pena privativa de liberdade, em decorrência da prática de delito hediondo ou dos delitos assemelhados,[13] será cumprida "inicialmente em regime fechado". Tal dispositivo também já foi objeto de declaração incidental de inconstitucionalidade pelo plenário do STF em 27/06/2012, no julgamento do HC 111.840/ES, onde se decidiu que o § 1° do art. 2° da Lei n° 8.072/90, com a redação dada pela Lei n° 11.464/2007, é inconstitucional quando impõe o regime inicial fechado para o cumprimento da pena. Novamente

---

[11] MONTEIRO, Antonio Lopes. *Crimes Hediondos: Texto, comentários e aspectos polêmicos*. 7ª ed. São Paulo: Saraiva, 2002, p. 6.

[12] FRANCO, Alberto Silva. *Crimes Hediondos: Anotações sistemáticas à lei 8072/90*. 4ª ed. São Paulo: Revista dos Tribunais, 2000, p. 89.

[13] Equiparados: prática da tortura, o tráfico ilícito de entorpecentes e drogas afins e o terrorismo (art. 2°, *caput*).

se reconheceu a violação ao princípio da individualização da pena, previsto na Magna Carta.

De outra banda, a Lei n° 11.464/2007 também pôs fim à impossibilidade de liberdade provisória, prevista no texto original da Lei n° 8.072/90.

Com relação, ainda, à influência da mídia no referido projeto, vale destacar as palavras do Dep. Plínio de Arruda Sampaio:[14] "Por uma questão de consciência, fico um pouco preocupado em dar meu voto a uma legislação que não pude examinar (...). Tenho todo o interesse em votar a proposição, mas não quero fazê-lo sob a ameaça de, hoje à noite, na TV Globo, ser acusado de estar a favor do sequestro. Isso certamente acontecerá se eu pedir adiamento da votação".

Os citados "discursos penais de emergência" também acabam por proporcionar situações, no mínimo, "engraçadas e inusitadas", como a protagonizada por um parlamentar do Estado de São Paulo, quando protocolou o Projeto de Lei 485/2011, que vedava aos pilotos de motocicletas o transporte de passageiros no assento traseiro do referido veículo. A razão do projeto, de autoria do deputado estadual Jooji Hato, baseava-se na crescente onda de roubos praticados em semáforos por passageiros de motocicletas contra motoristas de automóveis. O referido Projeto, que ganhou o nome de "Lei da Garupa", chegou a ser aprovado pela Assembleia Legislativa de São Paulo, no entanto, foi vetado pelo Governador.

Na última década, tem-se observado uma crescente, e em algumas vezes "necessária", onda de criminalização de certas condutas que anteriormente não mereciam reprimenda ou eram reprimidas de maneira mais branda pelo Direito Penal. Como exemplo, vale destacar o "Estatuto do Desarmamento", a "embriaguez ao volante" e a "Lei Maria da Penha". O reflexo imediato desses textos legais foi o "nascimento" de um "novo delinquente". Assim, a delinquência que para a maioria da opinião pública era vinculada à parca condição financeira e à cor da pele do agente, passou a ter como protagonistas também os integrantes de classes mais abastadas, os que frequentaram boas escolas, aqueles que nunca haviam entrado numa Delegacia de Polícia. Hoje, por exemplo, a rotina das varas criminais do país está repleta de "distintos" e bem vestidos senhores que respondem a processo em decorrência de violência doméstica, afinal a violência no âmbito familiar desconhece classe social e, não raras vezes, acaba por revelar o lado "animal" daquele, até então, respeitado cidadão.

Situação análoga ocorre com a embriaguez ao volante. O texto legal tanto "evoluiu" que, hoje, após ingerir um "inocente" bombom de

---

[14] Diário do Congresso Nacional. Edição de 29.06.1990, p. 8.233

licor, ao ser parado numa blitz da famosa "Balada Segura", o "sujeito de bem", respeitador das leis, que aceita o convite para realizar o teste do bafômetro, provavelmente se tornará mais um número na estatística dos incontáveis feitos penais que se amontoam nas varas criminais de norte a sul do país.

Não é diferente com a situação protagonizada pelo Estatuto do Desarmamento, Lei 10.826/03, onde aquele sujeito que, como lembrança da caserna, guarda em sua casa um cartucho 7,62mm incorre no delito tipificado no art. 16 do Estatuto, com pena mínima de 3 anos. A referida pena, como bem analisa Thums,[15] é a mesma cominada pelo art. 12 da Lei 7.170/83, a Lei de Segurança Nacional, ao sujeito que importa um tanque de guerra, eis que o citado dispositivo legal tutela a conduta do agente que "importa" ou "introduz" no território nacional armamento ou material militar privativo das Forças Armadas. Isso, nas palavras do citado autor, "denomina-se irracionalidade legislativa".[16]

Os exemplos acima ilustram situações em que a novel legislação faz surgir um "novo delinquente", distante do perfil do até então conhecido como "delinquente padrão". A despeito do já propagado efeito pernicioso da mídia no processo legislativo, é preciso que também se fale do efeito nocivo que alguns políticos, mal preparados e até mesmo mal intencionados, acabam gerando na construção do ordenamento jurídico de uma nação. Discorrendo sobre o assunto, por ocasião de entrevista concedida ao Conjur, o Jurista Argentino Eugenio Raúl Zaffaroni[17] assim se manifesta:

> Nesta política de espetáculo, o político precisa se projetar na televisão. A ideia é: "se sair na televisão, não tem problema, pode matar mais". Vai conseguir cinco minutos na televisão, porque quanto mais absurdo é um projeto ou uma lei penal, mais espaço na mídia ele tem. No dia seguinte, o espetáculo acabou. Mas a lei fica. O Código Penal é um instrumento para fazer sentenças. O político pode achar que o Código Penal é um instrumento para enviar mensagens e propaganda política, mas quando isso acontece fazemos sentenças com um monte de telegramas velhos, usados e motivados por fatos que estão totalmente esquecidos, originários deste mundo midiático. Ao mesmo tempo, a construção da realidade paranóica não é ingênua, inocente ou inofensiva. É uma construção que sempre oculta outra realidade.

Como visto acima, a influência da mídia nos trabalhos legislativos e até mesmo nas decisões judiciais tem sido notória. O que antes ocorria de forma velada, hoje se tornou explícito, desvelando-se com absoluta clareza em algumas decisões, como a do acórdão infra, proferido por ocasião

---

[15] THUMS, Gilberto. *Estatuto do Desarmamento: Fronteiras entre a racionalidade e razoabilidade.* 2ª ed. Rio de Janeiro: Lumen Juris, 2005, p. 31-32.

[16] Op. cit. p. 32.

[17] *In*: <http://www.conjur.com.br/2009-jul-05/entrevista-eugenio-raul-zaffaroni-ministro-argentino>, acesso em 08 de agosto de 2014.

do julgamento do HC nº 70059164541, na Primeira Câmara Criminal do Tribunal de Justiça do Rio Grande do Sul-TJRS:

PRISÃO PREVENTIVA. TRÁFICO DE ENTORPECENTES. MEDIDA QUE SE IMPÕE. DETENÇÃO PROVISÓRIA MANTIDA.

O Magistrado, ao interpretar a legislação penal, deve ter em mente a realidade dos fatos e ao momento presente. Não pode esquecer a importância de suas decisões na contenção da onda de violência que se vem alastrando de maneira quase incontrolável no País, alarmando e intranqüilizando a população. Ora, um dos crimes mais comuns e que se enquadra no parágrafo acima é o tráfico de entorpecentes. Ele revela, induvidosamente, a periculosidade e a ousadia de seus autores que agem com violência e ameaça na traficância, seja para manter "o território de venda", seja para conquistar novos "territórios", seja para cobrar dívidas de usuários, etc. Além disso, a traficância tumultua a ordem pública, pois gera a realização de outras situações graves ou delitos, como, por exemplo, o recrutamento e aparelhamento das pessoas para a distribuição da droga, as disputas de pontos, o cometimento de delitos contra o patrimônio por viciados, etc. Esta situação fala mais alto que conjeturas acadêmicas. São fatos e não hipóteses ou suposições. É esta realidade que determina ao Magistrado não esquecer que ele presta um serviço à sociedade. Sua atuação deve ser pautada naquilo que melhor atende ao meio social em que convive e jurisdiciona. E assim o fez, mantendo a prisão preventiva de paciente envolvido com o tráfico de entorpecentes, como ocorre no caso em testilha. Mantém-se, deste modo, a detenção provisória da paciente porque está justificada.

DECISÃO: *Habeas corpus* denegado. Unânime.

De uma rápida leitura da ementa do acórdão reproduzida acima, depreende-se que o proclamado pelo relator do acórdão é que se jogue fora os livros de Direito e todo conhecimento adquirido na academia, pois, afinal, tudo não passa de "conjeturas acadêmicas".

Mas o que mais reclama atenção no referido acórdão é a evidente influência da mídia no julgado, conforme trecho que passamos a reproduzir:

Os noticiários dos jornais e da televisão diariamente trazem notícias sobre as ações de traficantes e seus asseclas em atos criminosos citados acima. Eles, noticiários, repetindo, mostram que são os "pequenos" traficantes, similares ao paciente, que praticam os delitos em favor de seus "chefes", pois estes últimos não contam com um exército ou uma milícia.

Como se percebe, a influência da mídia no julgado é declarada de forma explícita, ou seja, o acórdão ao mesmo tempo em que concede crédito aos "*noticiários dos jornais e da televisão*", proclama que desacreditemos da ciência penal ao resumi-la a "conjeturas acadêmicas". Lamentável, mas real exemplo.

Resta evidente, portanto, a necessidade de barreiras que impeçam a criação de textos legais voltados à criminalização de determinadas condutas, sem que se tenha uma real finalidade, embasada em estudos técnicos que comprovem a possível eficácia e recomendem sua adoção, sempre respeitando os mandamentos de nossa Magna Carta.

Esses limites, em matéria penal, são impostos ao legislador pelo texto constitucional, que embasado em princípios penais traça regras a serem observadas por toda legislação pátria. Com efeito, da análise do art. 5º se observam vários regramentos, de caráter penal, que por insertos no texto constitucional, ganham o caráter de Princípios Constitucionais Penais.

3. Princípio da legalidade ou da reserva legal

Dos princípios penais constitucionais insculpidos no artigo 5º talvez o que mereça maior destaque seja o inserto no inciso XXXIX, ou seja, o princípio da legalidade ou da reserva legal. Consagrado nos princípios do *nullum crimen sine lege* e *nulla poena sine lege*, nos exatos termos do inciso: "não há crime sem lei anterior que o defina, nem pena sem prévia cominação legal".

Verdadeiro alicerce de todo sistema penal, afirma que só a lei, resultante de um processo legislativo guiado pelos trâmites constitucionais, pode criar figuras penais, excluindo-se, assim, a criação de tipos penais por qualquer outra fonte do Direito.

Do princípio em tela depreende-se que somente o texto legal pode impor a determinada conduta o "rótulo" de delito, ou seja, defini-la como crime. Da mesma forma, somente a lei pode atribuir a este delito determinada pena. Nas palavras de Hungria:[18]

A fonte única do direito penal é a norma legal. Não há direito penal vagando fora da lei escrita. Não há distinguir, em matéria penal, entre lei e direito. *Sub specie juri*, não existe *crime* "sem lei anterior que o defina", nem *pena* "sem prévia cominação legal". *Nulum crimen, nulla poena sine praevia lege poenali*. A lei penal é, assim, um *sistema fechado*: ainda que se apresente omissa ou lacunosa, não pode ser *suprida* pelo arbítrio judicial, ou pela analogia, ou pelos *"princípios gerais do direito"*, ou pelo *costume*. Do ponto de vista de sua aplicação pelo juiz, pode mesmo dizer-se que a lei penal não tem *lacunas*. Se estas existem, sob o prisma da *política criminal* (ciência pré-jurídica), só uma lei penal, (sem efeito retroativo) pode preenchê-las.

Com efeito, o princípio da reserva legal apresenta-se como uma garantia ao cidadão, pois este só terá ingressado na esfera de ilicitude jurídico-penal, e portanto, praticado uma conduta penalmente típica, quando esta conduta tenha sido previamente elencada pelo legislador como conduta penalmente relevante.

---

[18] HUNGRIA, Nélson. *Comentários ao Código Penal*. Volume 1, Tomo 1. 4ª ed. Rio de Janeiro: Forense, 1958, p. 13.

Imperioso ressaltar que o princípio da legalidade está presente no Direito Penal de praticamente todos os estados civilizados desde o século XIX. Com origem no Direito Romano, ganhou relevo na Magna Carta de João Sem Terra na Inglaterra, em 1215. Também constou na Constituição Americana de 1774 e na Declaração dos Direitos do Homem e do Cidadão em 1794, onde foi formulada, no artigo 8º, em termos precisos: "A lei apenas deve estabelecer penas estrita e evidentemente necessárias e ninguém pode ser punido senão por força de uma lei estabelecida e promulgada antes do delito e legalmente aplicada". Muito embora, atribui-se a Feuerbach a fórmula latina e sintética costumeiramente usual do *"nulla poena sine lege, nullum crimem sine lege"*.

No Brasil, esteve presente em todos os textos constitucionais, bem como nos diplomas repressivos desde o Código Criminal de 1830. Exceção só ocorreu por ocasião da edição do Decreto-Lei nº 4.166, de 11 de março de 1942, que dispôs "sobre as indenizações devidas por atos de agressão contra bens do Estado Brasileiro e contra a vida e bens de brasileiros ou de estrangeiros residentes no Brasil", e que deixou de prever expressamente o princípio comentado. Tal decreto incriminava, genericamente, ações e omissões, permitindo ao juiz o recurso à analogia na caracterização do delito, conforme disposto no seu art. 5º, *in verbis*:

> Art. 5º *A ação ou omissão, dolosa ou culposa, de que resultar diminuição do patrimônio de súdito alemão, japonês ou italiano ou tendente a fraudar os objetivos desta lei, é punida com a pena de 1 a 5 anos de reclusão e multa* de 1 a 10 contos de réis, se outra mais grave não couber.
>
> § 1º A redução, em contrário aos usos e costumes locais, do valor das prestações devidas a tais súditos, é considerada ação dolosa, para os fins deste artigo.
>
> § 2º Pelas pessoas jurídicas responderão solidariamente os seus administradores e gerentes.
>
> § 3º *Para a caracterização do crime o juiz poderá recorrer à analogia.* (Grifamos).

A diferenciação entre os dois princípios formadores do inciso XXXIX do artigo 5º da Constituição Federal, que consubstanciam o princípio da legalidade, é bem resumida por Welzel,[19] quando afirma que:

> Enquanto o princípio *nullum crimen sine lege* exige a existência prévia do tipo de delito – admitindo, não obstante, ameaça de penas absolutamente indeterminadas –, o preceito *nulla poena sine lege*, vai mais longe, e exige uma determinação legal das conseqüências do delito, ou vale dizer, ameaça de pena, ao menos relativamente determinada em sua natureza e limites.

Como corolário da função de garantia ao cidadão acima referida, e a despeito da divisão já traçada, o princípio em baila é desdobrado em quatro outros princípios, ou seja, o princípio da *lex praevia (nullum cri-*

---

[19] WELZEL, Hans. *Direito Penal.* Tradução Afonso Celso Resende. Campinas: Romana, 2003, p. 61.

men, nulla poena sine lege praevia); da *lex scripta (nullum crimen, nulla poena sine lege scripta)*; da *lex stricta (nullum crimen, nulla poena sine lege stricta)* e por último, o da *lex certa (nullum crimen, nulla poena sine lege certa)*.

Em oposição à possibilidade de retroatividade da lei penal incriminadora, surge o princípio da *lex praevia*, que traz em seu bojo a segurança e precisão necessárias ao Direito Penal, ou seja, proíbe a edição de leis que instituam crimes e penas de forma retroativa. Consagra-se, assim, o princípio da irretroatividade da lei penal incriminadora. Tal princípio não impede, por óbvio, a retroatividade da lei penal que venha a favorecer o acusado ou condenado, conforme consta expressamente no inciso XL do artigo 5º do texto constitucional: "a lei penal não retroagirá, salvo para beneficiar o réu".

Pelo princípio da *lex scripta* veda-se a instituição de tipos ou sanções penais através da aplicação do direito costumeiro, proibindo-se a "criação" de "novo texto legal" ou "pena" não definida previamente pelo legislador. Exceção ao princípio da *lex scripta* permite, entretanto, a utilização dos costumes na exclusão da ilicitude, como causa supralegal, ou mesmo como causa para minoração da culpa ou da pena, hipóteses onde não há nenhuma ofensa ao princípio da legalidade.

De outra banda, através do princípio da *lex stricta*, veda-se a aplicação da analogia na fundamentação ou eventual agravamento da pena, ou seja, analogia *in malam partem*, somente se permitindo a aplicação da analogia *in bonan partem*, já que esta última, por evidente, é mais benéfica ao acusado.

Por último, o princípio da *lex certa* afirma que o tipo penal deve ser redigido de forma clara, sem deixar margem a dúvida. Vedam-se, por conseguinte, as normas que pequem pela generalidade e falta de conteúdo, criando textos indeterminados e vagos.

Como se observa, o princípio da legalidade possui tamanha amplitude que permite afirmar, como já dito alhures, ser ele o verdadeiro alicerce de todo sistema penal, interferindo, por conseguinte, em vários segmentos do Direito Penal. Outra não é a lição de Franco:[20]

> O princípio da legalidade, além de interferir sobre as fontes e a interpretação da lei penal (a reserva absoluta da lei, a proibição da analogia in malam partem, a proibição da retroatividade da lei penal incriminadora) e sobre a definição adequada do tipo (técnica legislativa de formulação típica), dá ainda fundamento a quatro garantias do cidadão: garantia criminal, garantia penal, garantia processual e garantia de execução penal.

Fundamental, portanto, sua correta compreensão.

---

[20] FRANCO, Alberto Silva. *Crimes Hediondos: Anotações sistemáticas à lei 8072/90.* 4ª ed. São Paulo: Revista dos Tribunais, 2000, p. 53.

4. Princípio da igualdade

Consubstanciado no *caput* do art. 5º da Constituição Federal, o princípio da igualdade sempre foi entendido como a exigência de igualdade na aplicação da lei. O princípio tem endereçamento não só aos aplicadores das leis, como também deve ser balizador do legislador na criação de normas igualitárias para todos. Não obstante estas considerações, contemplamos, hodiernamente, a criação de novos textos de caráter aparentemente violador do princípio da igualdade, podendo-se citar, como exemplo, a Lei 11.340/06, intitulada Lei Maria da Penha. Esse texto legal, objeto de inúmeras críticas iniciais, justamente embasadas na possível ruptura do princípio sob análise, serviu de parâmetro para se estabelecer que, mais do que igualdade formal, o texto legal deve ser dotado de igualdade material, pois como se sabe, o princípio da igualdade não proíbe que a lei estabeleça distinções, o que se proíbe é que a distinção seja criada sem o estabelecimento de qualquer critério de justificação razoável.

Ratificando a ideia acima exposta, o Supremo Tribunal Federal (STF) teve a oportunidade de se manifestar quando do julgamento da Ação Declaratória de Constitucionalidade (ADC) 19, que analisou dispositivos da Lei Maria da Penha, onde há de se destacar as esclarecedoras palavras do Ministro Luiz Fux,[21] por ocasião de seu voto no referido julgamento:

> Longe de afrontar o princípio da igualdade entre homens e mulheres (art. 5º, I, da Constituição), a Lei nº 11.340/06 estabelece mecanismos de equiparação entre os sexos, em legítima discriminação positiva que busca, em última análise, corrigir um grave problema social. Ao contrário do que se imagina, a mulher ainda é subjugada pelas mais variegadas formas no mundo ocidental. São mecanismos de opressão insidiosos, muito bem expostos por Nicla Vassallo e Concita De Gregorio em texto recente (Donne e oppressioni tra Occidente, Oriente, Islam. Sui meccanismi di controllo dei corpi femminili. In: Ragion Pratica, 37. Il Mulino, 2011. p. 403-416).

> Por óbvio, todo *discrímen* positivo deve se basear em parâmetros razoáveis, que evitem o desvio de propósitos legítimos para opressões inconstitucionais, desbordando do estritamente necessário para a promoção da igualdade de fato. Isso porque somente é possível tratar desigualmente os desiguais na exata medida dessa desigualdade. Essa exigência de razoabilidade para a edição de ações afirmativas foi muito bem analisada por Canotilho: "(...) o princípio da igualdade é violado quando a desigualdade de tratamento surge como arbitrária. O arbítrio da desigualdade seria condição necessária e suficiente da violação do princípio da igualdade. Embora ainda hoje seja corrente a associação do princípio da igualdade com o princípio da proibição do arbítrio, este princípio, como simples princípio de limite, será também insuficiente se não transportar já, no seu enunciado normativo-material, critérios possibilitadores da valoração das relações de igualdade ou desigualdade. Esta a justificação de o princípio da proibição do arbítrio andar sempre li-

---

[21] *In*: <http://www.stf.jus.br/portal/cms/verNoticiaDetalhe.asp?idConteudo=201455>; acesso em 04 de setembro de 2014.

gado a um fundamento material ou critério material objectivo. Ele costuma ser sintetizado da forma seguinte: existe uma violação arbitrária da igualdade jurídica quando a disciplina jurídica não se basear num: (i) fundamento sério; (ii) não tiver um sentido legítimo; (iii) estabelecer diferenciação jurídica sem um fundamento razoável".

O *decisum* acima bem ilustra a possibilidade de se ter um tratamento desigual sem que se viole o princípio da igualdade, pois o que não se pode permitir é que essa desigualdade seja arbitrária, ou seja, sem um fundamento razoável que a justifique.

5. Princípio da humanidade ou da humanidade da pena

O princípio da dignidade humana, adotado pelo ordenamento jurídico brasileiro, fica evidenciado também no trato com o apenado. Esta humanização na aplicação da pena é reflexo da evolução histórica que com o passar dos anos tornou as penas mais brandas, tanto no tempo de duração da sanção aflitiva, quanto em sua carga. Hoje, nos modernos Estados Democráticos de Direito já se contempla, por disposição expressa, a proibição da pena de morte, de trabalhos forçados, das penas de caráter perpétuo, das penas cruéis, entre outras que tenham caráter desumano.

O Estado brasileiro fez a mesma opção legislativa ao proibir, expressamente no seu texto constitucional (art. 5º, XLVII), a pena de morte, a de caráter perpétuo, a de trabalhos forçados, a de banimento e as penas cruéis. Também enfatizou o respeito à condição humana ao proibir a tortura e o tratamento cruel ou degradante em seu artigo 5º, III. Especificamente nesse tópico, destacam-se os esforços de nosso constituinte no sentido de abolir a prática da tortura em nosso país, instrumento tão comum nos tempos da ditadura militar, mas que ainda se mostra presente nos relatos de centenas de presos e detidos em delegacias de polícia ou em ações policiais pelo país afora.

Igualmente, o texto constitucional revela a preocupação com a integridade física e moral do preso (art. 5º, XLIX), buscando preservar, inclusive, o seu direito à imagem, que como bem se sabe é invariavelmente desrespeitado por programas de televisão com imenso caráter sensacionalista. Esta questão está se tornando ainda mais complexa em razão da divulgação leviana de fatos através das redes sociais, o que, por vezes, forma uma "corrente" que pode acabar com a imagem e reputação de uma pessoa, através de uma espécie de "julgamento social", trazendo desfechos trágicos, como recentemente ocorreu em Guarujá, no litoral de São Paulo, onde Fabiane Maria de Jesus foi espancada e morta ao ser confundida com uma suposta sequestradora de crianças praticante de rituais de magia negra.

Exemplos de tais situações, infelizmente, são rotina, pois basta ligar o aparelho de televisão, nos mais variados horários, que se encontrarão programas sensacionalistas onde o apresentador, normalmente autointitulado "paladino da justiça" e "árduo defensor dos bons costumes e do acatamento das leis", em altos brados e com exagerados gestos, condena a impunidade do país. Também nos jornais impressos, especialmente os de circulação local, onde, quase que diariamente, se estampa na capa a foto de um acusado sendo preso ou procurado, observam-se inúmeros casos de afronta ao princípio da presunção de inocência.

A preocupação do legislador com o preso foi além, garantindo-se à presidiária mulher condições para permanecer com seu filho durante o período de amamentação (art. 5º, L, da Constituição Federal). Outra garantia expressamente prevista permite que a pena seja cumprida em estabelecimentos distintos, considerando a natureza do delito, a idade e o sexo do apenado, conforme prevê o artigo 5º, XLVIII, da Carta Magna.

As linhas acima ratificam a clara opção pelo respeito à dignidade do ser humano adotada pelo Estado brasileiro e instituída através da legislação constitucional.

6. Princípio da culpabilidade

O Direito Penal pátrio contempla o princípio pessoal da responsabilidade penal, como se observa claramente do disposto no inciso XLV do artigo 5º, de nossa carta constitucional, o qual prevê que *"nenhuma pena passará da pessoa do condenado"*.

Com efeito, o princípio da culpabilidade em sua origem e essência defende justamente a responsabilidade pessoal em detrimento da responsabilidade coletiva, solidária, subsidiária e sucessiva. Sepulta-se aqui a responsabilidade meramente objetiva, ou seja, consagra-se o princípio do *nullum crimen sine culpa*, onde a responsabilidade é subjetiva, isto é, pertence ao autor e eventual partícipe do delito. Dessa forma, os conceitos neste ponto trabalhados, enquanto princípio da culpabilidade, contemplam a ideia de "responsabilidade" e "censurabilidade" da conduta do agente ou do partícipe, como na esclarecedora lição de Welzel:[22]

> El concepto de la culpabilidad añade al de la acción antijurídica – tanto si se trata de una acción dolosa, como de una no dolosa – un nuevo elemento, que es el que la convierte en delito. La antijuridicidad es, como vimos, una relación de discordancia entre la acción

---

[22] WELZEL, Hans. *El nuevo sistema del derecho penal: Una introducción a la doctrina de la acción finalista.* Versión castellana y notas por José Cerezo Mir. Barcelona: Ediciones Ariel, 1964, p. 79 e 81.

y el ordenamiento jurídico: la realización de la voluntad no es como espera objetivamente el Derecho que sean las acciones en el ámbito social. La culpabilidad no se conforma con esta relación de discordancia objetiva entre la acción y el ordenamiento jurídico, sino que hace al autor el reproche personal de no haber omitido la acción antijurídica a pesar de haberla podido omitir.

(...)

La culpabilidad en sentido estricto (la reprochabilidad), presupone, en cambio, una determinada voluntad o una determinada acción, como su suporte específico: sólo una voluntad (antijurídica) o una acción (típica, antijurídica) puede ser culpable, en el sentido relevante para el Derecho penal. Por ello "pertenece" a la culpabilidad la voluntad antijurídica o la acción típica, antijurídica, como su posible portadora.

Mas não se encerram somente na responsabilidade pessoal e subjetiva, pois carregam também, nas palavras de Franco,[23] "a ideia de 'atribuibilidade' que lhe dá uma função de limite ao *ius puniendi* e de garantia ao cidadão".

A despeito dos princípios acima tratados aparecerem de forma expressa no texto constitucional, outros existem que, apesar de não se apresentarem de forma explícita na Magna Carta, dela não podem ser afastados, especialmente, por força do que dispõe seu artigo 5º, § 2º: "Os direitos e garantias expressos nesta Constituição não excluem outros decorrentes do regime e dos princípios por ela adotados, ou dos tratados internacionais em que a República Federativa do Brasil seja parte".

Com efeito, depreende-se a existência de outros princípios com igual carga positiva, donde vale destacar, ainda que de forma bastante sucinta dada a singeleza do presente trabalho, os que arrolamos a seguir.

7. Princípio da intervenção mínima

O Estado, tendo por escopo a promoção da paz social através da proteção dos bens juridicamente tutelados, sabe que, para assegurar esses bens, deve utilizar o Direito Penal somente como *ultima ratio*, ou seja, só se valerá da ameaça de uma sanção penal quando não houver outra forma de se assegurar efetiva tutela ao bem jurídico. Deve-se evitar o uso corriqueiro e o consequente desgaste do Direito Penal, eis que, como bem se sabe, determinadas situações de risco aos bens jurídicos podem ser atacadas por outros ramos do Direito.

Tais conclusões são confortadas pelos institutos da fragmentariedade e da subsidiariedade do Direito Penal.

---

[23] FRANCO, Alberto Silva. *Crimes Hediondos: Anotações sistemáticas à Lei 8.072/90*. 4ª ed. São Paulo: Revista dos Tribunais, 2000, p. 61.

8. Princípio da exclusiva proteção de bens jurídicos

Também chamado de Princípio da Lesividade ou da Ofensividade, funda-se na ideia de que a utilização do Direito Penal, enquanto mecanismo de controle social, só deve se dar quando houver, efetiva e concretamente, uma lesão ou ameaça de lesão ao bem juridicamente tutelado. Aqui, tanto o bem como o ataque ou ameaça de ataque a esse bem devem ser igualmente dotados de relevância que justifique a intervenção penal, considerado seu caráter de *ultima ratio*. Tal princípio se insere em nosso ordenamento como verdadeira limitação ao poder punitivo do Estado.

9. Princípio da idoneidade, efetividade ou eficácia

Na lição de Mir Puig, citado por Franco,[24] "se o Direito Penal de um Estado social se legitima apenas enquanto protege a sociedade, perderá sua justificação se sua intervenção se mostrar inútil, por ser incapaz de servir para evitar delitos".

Em decorrência do disposto acima, sabe-se que a proteção estatal ao bem objeto da lesão ou ameaça de lesão só poderá ocorrer de forma eficiente quando o mecanismo penal for capaz de oferecer essa proteção. Assim, por força do princípio da idoneidade, a sanção penal deve ser eficaz e idônea na proteção do bem jurídico.

10. Princípio da proporcionalidade

Chamado princípio dos princípios, revela-nos que a sanção penal deve, sempre, manter uma relação de equilíbrio, proporção, com a gravidade do fato violador da norma.

Aplica-se ao legislador, mas também se impõe ao julgador, que deve sopesar os bens em jogo e, valendo-se de um juízo de ponderação, aplicar ou não a sanção; aplicando-a, deve optar pela mais adequada.

Por não raras vezes se estabelece uma relação entre o princípio da proporcionalidade e o princípio da razoabilidade. Assim, de forma sucinta, se pode dizer que a expressão "proporcionalidade" se deve ao direito alemão, berço do princípio, ao passo que o direito norte-americano desenvolveu similar doutrina e a nomeia como "razoabilidade", na melhor tradução.

---

[24] Op. cit. p. 66.

No Direito pátrio, certo é que a Constituição Federal o acolheu, ainda que de forma implícita, eis que se pode perceber a presença de seus fundamentos em vários dispositivos do texto constitucional, como, por exemplo, no princípio da igualdade, da reserva legal e do devido processo legal.

Sua aplicação mais clara surge na solução do conflito de normas que envolvam direitos fundamentais, muito embora o princípio sirva como critério normativo de controle de atos administrativos, legislativos e jurisdicionais.

Como se percebe, o alcance do princípio da proporcionalidade é bastante amplo. No entanto, seu uso não pode ser indiscriminado, aplicando-o a qualquer caso *sub judice*, sob pena de se conferir ao judiciário a errônea tarefa de reparar eventuais erros legislativos.

11. Considerações finais

A adoção pela Constituição Federal, de forma explícita ou implícita, de princípios penais revela a preocupação do legislador constituinte com a efetivação dos direitos e garantias do cidadão diante do *ius puniendi* estatal. Revela, ainda, a nítida caracterização de um Estado Democrático de Direito, eis que assentado nesses sólidos e vetustos princípios. Em decorrência disso, as referidas regras constitucionais funcionam como verdadeiras balizas da atividade estatal, seja ela de caráter legislativo, administrativo ou jurisdicional.

12. Referências bibliográficas

ASÚA, Luis Jiménez. *La Ley y El delito: Curso de Dogmatica Penal*. Caracas: Andrés Bello, 1945.

CONSELHO NACIONAL DE JUSTIÇA. <http://www.cnj.jus.br/noticias/cnj/28746-cnj-divulga-dados-sobre-nova-populacao-carceraria-brasileira>, acesso em 08 de agosto de 2014.

CONSULTOR JURÍDICO. <http://www.conjur.com.br/2009-jul-05/entrevista-eugenio-raul-zaffaroni-ministro-argentino>, acesso em 08 de agosto de 2014.

DIÁRIO DO CONGRESSO NACIONAL. Edição de 29.06.1990.

FERRI, Enrique. Principios de Derecho Criminal: Delincuente y Delito en La Ciencia, En La Legislación y En La Jurisprudencia, traducción por Jose-Arturo Rodriguez Muñoz, 1ª ed. Madrid: Editorial Reus, 1933.

FRANCO, Alberto Silva. (2000). *Crimes Hediondos: Anotações sistemáticas à lei 8072/90*, 4ª ed. São Paulo, Revista dos Tribunais, 2000.

HUNGRIA, Nélson. *Comentários ao Código Penal*, Volume 1, Tomo1, 4ª ed. Rio de Janerio: Forense, 1958.

MONTEIRO, Antonio Lopes. *Crimes Hediondos*: Texto, comentários e aspectos polêmicos, 7ª ed. São Paulo: Saraiva, 2002.

PORTAL DO MINISTÉRIO DA JUSTIÇA <http://portal.mj.gov.br/main.asp?View= {D574E9CE-3C7D-437A-A5B6-22166AD2E896}&Team=&params=itemID={26271 28E-D69E-45C6-8198-CAE6815E88D0};&UIPartUID={2868BA3C-1C72-4347-BE11-A26F70F4CB26}>, acesso em 08 de agosto de 2014.

SILVA, José Afonso da. *Curso de Direito Constitucional Positivo*. 15ª ed. São Paulo: Malheiros, 1998.

SUPREMO TRIBUNAL FEDERAL <http://www.stf.jus.br/portal/cms/verNoticiaDetalhe.asp?idConteudo=201455>; acesso em 04 de setembro de 2014.

THUMS, Gilberto. *Estatuto do Desarmamento*: Fronteiras entre a racionalidade e razoabilidade. 2ª ed. Rio de Janeiro: Lumen Juris, 2005.

TOLEDO, Francisco de Assis. *Princípios básicos de direito penal*. 5ª ed. São Paulo: Saraiva, 1994.

WELZEL, Hans. *El nuevo sistema del derecho penal: Una introducción a la doctrina de la acción finalista*, Versión castellana y notas por José Cerezo Mir. Barcelona: Ediciones Ariel, 1964.

——. *Direito Penal*, Tradução Afonso Celso Resende. Campinas: Romana, 2003.

WESSELS, Johannes. *Direito Penal: parte geral-aspectos fundamentais*, Tradução do original alemão e notas por Juarez Tavares. Porto Alegre: Sergio Fabris, 1976.

— 4 —

Garantias processuais penais e a Constituição Federal

LISANDRO LUÍS WOTTRICH[1]

Sumário: I. Processo penal é apuração; II. Quando a violência parte do Estado; III. Garantias processuais penais e sua tutela constitucional; IV. A compreensão das garantias como ato de alteridade; Referências.

I. Processo penal é apuração

Processo penal é apuração. Enquanto o fato-crime é um fato histórico, o processo é a presentificação do passado, para que, no futuro, se tenha o julgamento. Esse presentificar ocorre através da prova produzida, que busca, na memória, a reconstrução dos fatos pretéritos e a máxima aproximação da verdade. A verdade no processo não tem como ser real, pois essa esta presa ao passado, ela somente é no momento da realização dos fatos, todo o demais é um reconstruir, um recontar, um rememorar que, por sua própria natureza de lembrança e memória, não consegue ultrapassar o limite da *proximidade* com o real, logo, sempre relativa.

Ouso excogitar, no entanto, que a afirmação de que o processo penal visa a apurar existência, autoria e circunstâncias da infração penal, carrega o peso de uma complexa desconstrução do sentido comum, já que, para o leigo nas Ciências Penais, o processo penal existe basicamente para efetivar uma condenação (provavelmente já esperada, e almejada, no âmbito da sociedade de indivíduos). Aliás, ainda que as teorizações sobre a matéria penal não queiram dar maior importância, desprezando mesmo o que se fala nas ruas pelo famoso *homem médio*, não ha como olvidar que a forma mais "pop" de caracterizar o processo penal é afirman-

---

[1] Mestre em Ciências Criminais pela PUCRS. Professor do Curso de Direito da Universidade Feevale. Professor Convidado da Pós-Graduação da Unisinos, da Imed e da Uniritter. Diretor Presidente da Fesdep. Conselheiro da Acriergs. Membro do Núcleo de Defesa Criminal da DPERS. Defensor Público do Estado do RS.

do que o mesmo consiste justamente em um entrave para a realização da justiça, esta compreendida, ainda no modelo popular, como um juízo condenatório e, se possível, com um imenso rigor punitivo, o que, ao final e ao cabo, levara ao aguardado afastamento do *deliquente* do convívio social (quiçá eterno; aliás, o pouco tempo de exclusão do agente criminoso é outro alvo de ferrenha critica popular, que perpassa pela exaltação ao fracasso do sistema de progressão de regime e as ásperas vozes contra o regime semiaberto nos últimos tempos), calhando a lembrança de que essa percepção compreende não apenas delitos hediondos ou afins, mas, também, condutas esdrúxulas (no sentido do bem jurídico penalmente tutelado) como uma pichação, a poda não autorizada de uma arvore em espaço publico ou a posse de droga ilícita para consumo privado.

Incrível é perceber que o signo de justiça, para a *pessoa normal do cotidiano* (simbolizando a pessoa do povo, o leigo em tratos jurídicos, normalmente aquele ao largo e mesmo avesso ao âmbito teórico-jurídico, mas quotidianamente consultado, em especial pela mídia, de como deve portar-se o Estado Penal, seja na administração da justiça, seja na criação e aplicação de políticas criminais) diz exatamente como seu contrário, ou seja, para se fazer justiça dever-se-ia passar por cima desses inúmeros obstáculos trazidos a lume pelo processo, fazendo a devida identificação de autoria e, ato contínuo, punir exemplarmente, sem maiores delongas, já que ninguém quer esperar até amanhã para confirmar a punição desde já querida. Para que existir processo penal e sua natural e renitente demora se já se sabe quem é o culpado pelo crime? Assim pensa o homem comum, e o maior problema disso é quando as instituições encarregadas do processo acabam sentindo-se legitimadas por esse clamor para, exatamente, pensar da mesma forma, também entendendo o processo penal e todas as garantias e direitos conferidos ao acusado como um conjunto de óbices a um rápido e certo descortino da justiça.

No mesmo viés crítico, causa espécie que, nessa recente viragem de século, se encontre quem acredita que esse tipo de pensamento inexiste (no seio de instituições sérias e comprometidas com o respeito aos limites punitivos), e que já evoluímos o suficiente para tamanho absurdo. Aliás, um conhecimento unicamente acadêmico, de gabinete, pode pregar tal peça no estudioso, mas uma análise empírica desvela o, muitas vezes, impensável. A valer, basta estar diariamente de permeio e na lida de processos-crime para dar-se conta de que distorções graves ainda existem, na maioria das vezes patentes, noutras nem tanto, muitas vezes passando até despercebidas, justamente porque exaltá-las pode ser um mais do mesmo cujo preço não se quer pagar. Ou será que também se acredita que, diante dos retoques do causídico a alguma reiterada violação de uma garantia processual penal do acusado praticada pelo julgador, não haverá qualquer tipo de consequência? Sabido que, ao menos, uma pontinha de desgosto do julgador para com a parte haverá, o que, ademais, é humano, demasiado humano, no sentido de que qualquer um desgosta que suas falas sejam desmerecidas e, em se tratando da fala de um julgador, o efeito é reverberado e amplificado. Não se acredita? Talvez falte balcão, prática diária e diuturna de corredores forenses. O *homo medius*, por certo, não acredita.

A fim de confirmar tal constatação, resta singelo observar o exsurgir do chamado *direito penal do inimigo*, com grande sucesso nas Ciências Criminais do pensamento ocidental, em que juristas de escol, a começar pelo seu próprio criador, simplesmente tecem discursos e mais discursos na sanha de justificar a quebra de garantias essenciais ao agente criminoso sob investigação pré-processo ou já na figuração do polo passivo de uma ação penal, considerado, para tanto, um não cidadão, logo indigno de ser titular de direitos básicos ao cidadão.

No mesmo esteiro, pode-se pensar que o Direito Penal não é para ser lido e compreendido pelo leigo, pelo indivíduo da sociedade, o que é verdadeiro lugar-comum na fala de alguns setores doutrinários, mas pelos profissionais do Direito, como o jurista, o acusador, o julgador e o defensor, desimportando o próprio ser-réu, já que ele, se possuir dúvidas, deverá questionar seu advogado (como sói ocorrer no cotidiano forense), e que, então, o pensamento sobre justiça da pessoa do povo não mereceria maior atenção. Ledo engano, porquanto essa pessoa é justamente quem elege o legislador e dele espera que atue exatamente como ele já exaltou ao tempo de seu (corriqueiro) discurso pré-eleição, no sentido de exaspero no rigor punitivo, nem que isso importe em quebra de garantias. Não apenas isso. Também quando a sociedade participa dos mais variados programas da mídia e que dizem com dar seu pitaco sobre assuntos que envolvem a seara criminal, manifestações que acabam por ter, efetivamente, voz, ou seja, são contabilizadas para os mais variados aspectos, em especial naquele que diz com a prática de políticas criminais.

É com esse pano de fundo absolutamente problemático e muitas vezes contraditório que se deve pensar o processo penal e tudo que lhe preenche e circunda, e com firmeza e serenidade continuar a gizar que ele foi configurado para ser composto por uma gama de atos, a formar um efetivo procedimento, que visa a apurar a existência de um crime (materialidade), no sentido de responder aos questionamentos *existe um crime? Qual crime? Quais as suas circunstâncias?* Assim como apurar quem foi seu autor (autoria), despreocupando-se com a finalidade condenatória. De efeito, a finalidade é a de apuração, daí exsurgindo as possibilidades de um juízo de absolvição ou de um juízo de condenação, ou, mesmo, de um juízo de extinção de punibilidade.

Ainda no mesmo estuário, a presença de um processo com o seu devido ritual serve, também, como um limitador da atuação estatal, fixando fronteiras que não podem ser superadas, sob pena de quebra das regras preestabelecidas e, naturalmente, dos direitos e garantias individuais. Se o Estado avoca para si o poder-dever de apuração da criminalidade, retirando-o da esfera privada, e ao mesmo tempo, no curso evolutivo das sociedades, normatiza as regras do jogo processual, tal o faz para justamente estabelecer os direitos e deveres das partes, mas em especial determinar os limites dele mesmo Estado, impedindo arbitrariedades e qualquer forma de violação da democracia que deve imperar também nessa esfera da vida pública. Essa a instrumentalidade garantista do processo penal,[2] verdadeiro conjunto de regras do jogo que não podem ser violadas por nenhuma das partes e muito menos pelo Estado. Como lembra Ferrajoli,[3] se no âmbito fático da realização do fato-crime o vulnerável é aquele que figura na condição de vítima ou qualquer outra pessoa que nao seja o agente criminoso, no âmbito processual o hipossuficiente é o acusado, que fica à mercê do Estado, logo, necessitando que seja considerado não um objeto, mas um sujeito de direitos, e, justamente, protegido nesta gama de direitos que compõem o rol de garantias processuais.

Portanto, a ideia de processo penal que ora se desenha diz com uma atuação de parte do Estado que visa a realizar a apuração do delito com todas as suas circunstâncias, assim como a sua autoria, declarando o sucesso ou insucesso da pretensão acusatória ou a extinção da punibilidade, agir que deve ser imantado pelo respeito aos regramentos predefinidos e que constituem os direitos e garantias do indivíduo.

II. Quando a violência parte do Estado

A temática da violência é por demais recorrente, provavelmente em razão de respiramos violência. A sua existência problematiza o dia a dia, a ponto de ela integrar qualquer fala que refira a insatisfação dos membros da sociedade para com justamente a vida em sociedade, isso é fato. Difícil é a compreensão de que a violência é intrínseca ao convívio social e que deflui natural da interação humana. Essa percepção de ser ela um fenômeno social e que, por esse cariz, existira onde houver inter-relação humana, talvez faça com que se altere o discurso inglório da luta pela extinção da violência, algo prometido pela modernidade mas nunca

---

[2] LOPES JR., Aury. *Introdução Critica ao Processo Penal*. Rio de Janeiro: Lumen Juris, 2004. p.

[3] FERRAJOLI, Luigi. *Derecho y Razón – Teoria del Garantismo Penal*. 2ª ed. Trad. Perfecto Andrés Ibáñez *et al*. Madrid: Trotta, 1997.

cumprido, justamente pela sua inviabilidade intrínseca.[4] O discurso político pela *minimização* dos graus de violência, e não pela sua impossível extinção, talvez permita um pensar de melhor qualidade sobre políticas criminais, retirando a pesada carga de insatisfação pela insucesso na luta por se arredar de vez a violência.

Some-se a isso uma outra inteligência acerca do que é ou do que constitui o agente criminoso. É outra linguagem corrente que o criminoso se constitui em uma peça defeituosa da engrenagem (social), e que precisa da sanção penal para sua retífica, sendo que após sua reforma poderá, então, ser realocado na sociedade. Porém, como refere Francisco Muñoz Conde,[5] tal pressupõe que a engrenagem seja perfeita e que o defeito de um dos seus elementos não tenha relação para com o todo, compreensão que resta enganosa, já que, por certo, a deficiência ou ineficiência da peça perpassa pelo pré-defeito da própria engrenagem. Significa dizer que a engrenagem social produz o agente criminoso e querer retirar dela esse efeito colateral de sua existência é algo por demais falacioso.

Veja-se onde se quer chegar com esse outro sentido na percepção da violência: ela consiste em elemento intrínseco social e a própria estrutura social produz o agente criminoso que instrumentaliza a violência.

Saber que isso existe não significa banalizar a violência ou diminuir a luta contra ela. Significa perceber que ela não é estranha ou nota trágica de um resquício de barbárie sabe-se lá de quando, mas que ela *faz parte*. No mesmo sentido, e aqui o ponto que se quer descortinar, essa compreensão poderá levar a que as regras do jogo processual penal e as garantias conferidas ao acusado sejam mais facilmente admitidas e digeridas, e que se não as enxergue como uma benesse indevida ao agente criminoso.

Quando uma autoridade policial reluta para que o acusado não tome conhecimento dos elementos de prova já documentados na investigação policial, violando a súmula vinculante 14 do STF, quando um acusador pensa mais em dados estatísticos e midiáticos do que a realização da justiça no caso concreto, quando um juiz altera inadvertidamente e *a la carte* o procedimento penal previsto em lei, quando uma sentença revela uma aplicação da pena sem critérios, quando o Estado permite o

---

[4] Zizek, ao dissertar sobre a violência, refere o filme A Vila, de M. Night Shyamalan, em que, aparentemente, as pessoas habitam em um lugar isolado no século XIX, no meio de uma floresta, sem qualquer contato com outras comunidades, e que, segundo divulgado pelos adultos, estaria rodeado de monstros, justamente para que seus integrantes não intencionassem sair do local. Ao depois, vai-se constatar que, mesmo ali, em um ambiente de deveria ser da mais pura felicidade, livre da sociedade do risco, que a própria interação humana produz a tao nociva violência. ZIZEK, Slavoj. *Violência*. Tradução Miguel Serras Pereira. São Paulo: Boitempo, 2014. p. 33.

[5] MUÑOZ CONDE, Francisco. *Direito Penal e Controle Social*. Tradução Cintia Toledo Miranda Chaves. Rio de Janeiro: Forense, 2005. p. 95.

cumprimento de pena em situação degradante, o que se tem é a consequência lógica de um sentir a violência como algo que é produto único do agente criminoso, sentido como a peca defeituosa da engrenagem social que não permite o pleno alcance da felicidade. E aqui exsurge uma outra forma de violência, na maioria das vezes passada despercebida, que diz com aquela perpetrada pelo próprio Estado, normalmente efetivada na quebra das garantias processuais penais.

Sobre isso se debruça Juarez Tavarez,[6] ao questionar se a violência deve-se resumir a uma forma de cometimento de crime e se é atributo exclusivo do indivíduo, e assinalando que a violência "... *não é apenas a forma como o crime se manifesta. A violência esta em toda parte, tanto nas relações entre as pessoas, individualmente, quanto entre estas e o Estado, bem como nas relações entre as pessoas e o próprio mundo"*. Pois o autor repercute como o Estado usa de violência e como, através de artifícios da linguagem, a legitima como ato de império e poder de polícia, e, assim, nessa desnaturação do conceito, obtém a ocultação de todos os processos violentos que utiliza, mormente com fins políticos. O emprego da palavra *violência*, nesse timbre, acaba sendo particularizado unicamente para as relações indivíduo-indivíduo, obscurecendo, pois, a compreensão de que o Estado, sim, também usa dela para fazer valer a ordem. Significa afirmar que a única forma de violência a ser não tolerada é a violência que advém do crime, daí legitimando e tolerando a conduta violenta observada em práticas estatais.

Isso vai legitimar que, para persecução criminal, os fins justos acabem legitimando os meios injustos, e, nessa ótica, a violência do olvide de garantias processuais penais do réu seja tolerada. Assim, a inobservância das regras do jogo processual penal, a duração *não razoável* do processo, uma postura jurisdicional que não respeite a presunção de inocência, entre outras graves violações aos direitos do acusado, configuram-se em uma efetiva forma de violência de parte do Estado para com o indivíduo, por mais que muitos exerçam fiel tolerância a isso, fazendo ouvidos moucos ao devido sentido constitucional que deve balisar o processo penal. A quebra de uma garantia processual penal é sempre violência.

III. Garantias processuais penais e sua tutela constitucional

No presente artigo, debruçar-se-á sobre algumas das garantias processuais aplicáveis ao processo penal previstas na Constituição Federal

---

[6] TAVAREZ, Juarez. Reflexões Sobre a Relação "Violência e Criminalidade". *In:* BITENCOURT, Cezar Roberto. (coord.). *Direito Penal no Terceiro Milenio*: estudos em homenagem ao prof. Francisco Munoz Conde. Rio de Janeiro: Lumen Juris, 2008. p. 443-453.

e que, por isso, inscrevem-se na categoria garantias constitucionais processuais penais.

O devido processo legal. A CF, em seu art. 5º, inciso LIV, prevê a necessidade de um devido processo legal para a hipótese de privação da liberdade e/ou de seus bens. No que tange ao ora discutido, a norma garante a qualquer pessoa que o Estado não imporá uma sanção penal que leve à restrição da liberdade sem que tal decorra de um processo penal legítimo, aqui visualizados partes e julgador legítimos para a causa. Mas não só, também deflui do preceito que o procedimento penal previsto em lei deve ser fielmente observado. E isso porque nosso Ordenamento Jurídico-Penal prevê uma série de ritos penais, alguns fazendo parte do procedimento comum descrito no Código de Processo Penal, a partir da norma penal insculpida no art. 394 (ordinário, sumário e sumariíssimo), outros previstos também na própria codificação, mas considerados especiais (Tribunal do Juri, crimes contra a honra, crimes contra a propriedade imaterial e crimes de responsabilidade do funcionário público), e alguns, ainda, descritos em leis específicas, como o procedimento da Lei Antidrogas (Lei 11.343/06), ou o procedimento para as hipóteses de prerrogativa de função (Lei 8.038/90).

A garantia referida é clara. O que não se desvela preciso é sua aplicação no dia a dia dos pretórios. Deveras, singelo é perceber que temos um verdadeiro *processo penal a la carte* (a simbologia feita aqui parte da ideia de *moral a la carte* trazida por Gilles Lipovetsky),[7] no que a utilização do procedimento penal fica ao alvedrio do julgador, cabendo aos demais profissionais do Direito (em especial os advogados) descobrir o gosto ou preferência do mesmo onde exerce a sua atribuição jurisdicional, adaptando-se ao seu paladar, sendo transparente que há sérias divergências de comarca para comarca, assim como de vara criminal para vara criminal na mesma comarca.

Pode-se dizer que é a própria norma processual penal que deixa espaço para interpretações tão diversas, pode-se talvez afirmar, no mesmo estuário, com Robert Alexy, que a democracia permite juízos interpretativos diversos (e que esse seja, possivelmente, um preço se pagar por ela, verdadeiro efeito colateral), porem talvez devêssemos ser ingleses nesta seara e seguir os ditames legais sem proceder a alterações significativas o tempo todo, e contando com a hipótese de que escolhas diferentes de procedimentos penais causa uma verdadeira balbúrdia, que vai causar efeitos de instabilidade jurídica e descrédito em instituições como a norma, a lei e o próprio Poder Judiciário.

---

[7] LIPOVETSKY, Gilles. A Era do Apos-dever. *In*: MORIN, Edgar; PRIGOGINE, Ilya *et al. A Sociedade em Busca de Valores*. Lisboa: Piaget, 1998. p. 34-35

A situação chega ao ponto de o profissional do Direito precisar pesquisar o pensamento do juiz do lugar, a fim de justamente tomar pré-conhecimento acerca de como procede no processamento de cada infração penal, como se inexistissem normas processuais penais dando conta da matéria. Isso é serio, isso é grave. As normas procedimentais são aquelas que fixam as regras do jogo, e elas não podem ser flexibilizadas, senão porque elas me dizem o *iter* do processo, senão porque elas revelam os limites de atuação de cada profissional do Direito envolvido no caso e, em especial, determina o que o hiperssuficiente Estado pode ou não realizar.

Essa indeterminação gerada pelo fato de não se saber qual a preferência do julgador do lugar (o que pode ser estendido ate para a alteração procedimental *somente* em determinado caso penal, o que, convenhamos, é muito pior) leva à grave hipótese de não se saber, naquele determinado juízo, com certeza, como funcionará o processo, ou seja, não saberá quais as regras do jogo a serem utilizadas. Não por acaso, é corrente que um causídico que não seja do cotidiano do lugar, ao questionar o procedimento utilizado, seja no balcão do cartório, seja na audiência ou por petição, receba respostas como *"Aqui a gente faz assim"*, *"O doutor não atua muito na comarca, por isso não sabe como procedemos"* ou *"Eu* (julgador) *entendo que..."*, não sobrando ao *novato desinformado* nada muito além da resiliência (de se ver que isso não acontece com o acusador público, pois, como sabido, é deveras comum que esteja a tempo considerável atuando naquele juízo, o que faz com que conheça as regras ali estabelecidas *a la carte*).

E se afirma que a resiliência deve ser o que resta não por mera hipótese, mas, sim, por se saber que dificilmente o pretório imediatamente superior declarará a nulidade do ato realizado a partir do especial gosto do julgador local. E isso muito em razão da difusão cada vez maior da ideia de relativização de nulidades absolutas, mecanismo-chave que os pretórios utilizam desde sempre, mas com cada vez maior vigor e elástico, e que acaba por possibilitar a quebra de garantias (e, no caso, a quebra das regras do jogo processual penal) em nome de uma suposta inexistência de prejuízo as partes. Ora, a inobservância de uma garantia constitucional do processo não pode ser afastada simplesmente pela convicção do julgador e do pretório imediatamente superior de que inexistiu a prova do prejuízo em concreto a parte inconformada, dado que tal revela prejuízo presumido, insculpido justamente na quebra de uma metarregra, de um preceito maior a ser observado fielmente por todos, já que, por obvio, sua inaplicação ofende ao interesse publico de que os procedimentos leais sejam respeitados.

Assim, com o sufrágio dos tribunais, os julgadores locais vão empilhando quebra de formalidades que são verdadeiras garantias contra o excesso estatal na apuração das infrações penais, despertando a incredulidade dos atores do processo penal e, por obvio, a produção de verdadeira instabilidade em tal âmbito. A seguir elencam-se algumas situações que exemplificam o signo dessa época de processo penal *a la carte*.

A designação de audiência de instrução e julgamento, no procedimento ordinário, ao tempo do recebimento da denuncia. Tal conduta do julgador inexiste na previsão legal do procedimento ordinário, como se observa do CPP, arts. 394 a 400. Esse procedimento, aliás, restou significativamente alterado pela reforma de 2008, trazendo a lume importante instituto, qual seja, o da absolvição sumária, previsto no CPP, art. 397. Ora, essa é uma fase de necessária existência, havendo o julgador de claramente justificar porque a acolhe ou, ao revés, porque não o faz. Mas, de qualquer sorte, o que o procedimento penal legal determina, pela leitura conjugada dos arts. 397 e 399 de tal Diploma Legislativo, é que a designação de audiência de instrução somente ocorrerá após a análise da absolvição sumária, logicamente na hipótese de esta não se ter sucedido.

Ainda que seja de difícil visualização concreta, no dia a dia forense, qualquer das hipóteses de absolvição sumaria, a conquista desta fase processual é nítido signo de evolução do processo penal nacional em termos de efetivação de garantias processuais. São novas regras do jogo trazidas pelo legislador e que não podem, repentinamente e ao alvedrio casuístico, serem olvidadas. O fundamento de quem assim procede é de que se trata de algo *bom* para o acusado, pois ja o faz vislumbrar quando ocorrera a audiência de instrução de julgamento. Ocorre que a quebra de uma regra do jogo não pode ser aferida como benesse ou ato de bondade jurisdicional, pois, além de todos os prejuízos já referidos decorrentes da inobservância das regras do jogo processual, pois claramente demonstra antecipação de entendimento do julgador acerca da matéria, antes mesmo da primeira manifestação defensiva (resposta à acusação), no que a análise desta, posteriormente, quando do cumprimento da regra do art. 397 do CPP, revelar-se-á apenas jogo de cena, apenas uma atividade jurisdicional pró-forma.

*A oportunidade de réplica ao acusador público de permeio ao procedimento ordinário.*Apresentada resposta à acusação pela defesa técnica, há julgadores que, contrariamente ao procedimento ordinário descrito no CPP, criam uma nova fase processual, qual seja a de conceder vista ao acusador público para manifestação sobre a mesma, nada obstante a absoluta falta de previsão legal, desde que operada leitura conjugada dos arts. 396 e 397 do CPP. Ora, somente no procedimento especial do Tribunal do Júri vem tal previsão (art. 409 do CPP), o que desvela que, se o legislador intencionasse estender a mesma possibilidade ao agente acusador no procedimento comum, assim o teria feito de forma expressa, até porque a publicação legal das reformas de tais ritos ocorreu em mesma época, com diferença de 13 dias (a Lei 11.689, de 10/06/2008, confere a novel redação ao citado art. 409, permitindo a réplica, e a Lei 11.719, de 23/06/2008, alterando os arts. 396 e 397 – e todo o procedimento comum ordinário, vem dez dias depois e não possibilita a réplica neste rito).

Tal não é por acaso, tal não é por mera sugestão, senão que são regras que devem ser fielmente observadas, dado que em seu bojo traduzem verdadeiras garantias processuais ao acusado. Claro que o processo terá continuidade, e a defesa técnica poderá manifestar-se adiante de tal impróprio momento, porém, algo é inarredável: ao acusador foi dada a indevida possibilidade de manifestação para além da oportunizada ao réu, o que quebra a paridade de armas. Não é pouco, pois.

A inobservância, pelo julgador, do disposto no CPP, art. 212, parágrafo único. Uma das importantes inovações trazidas ao CPP pela reforma de 2008 foi a regra de que o juiz somente devera complementar os questionamentos feitos exclusivamente pelas partes as testemunhas (regra a alcançar a oitiva da vitima e do acusado), a fim de esclarecer pontos duvidosos de qualquer dos depoimentos. Como advertem Lenio Luiz Streck e Rafael Tomaz de Oliveira,[8] tal dispositivo possui uma significativa viragem em termos de compreensão do processo penal de um sistema acusatório, produzindo verdadeira *ruptura paradigmática*, em especial porque privilegia uma visão de divisão de tarefas de cada um dos seus atores, como que relembrando algo que nunca deveria ser esquecido, já que signo da Modernidade e rompimento com o sistema inquisitorial que matiza o Medievo: *Ao juiz cabe julgar; ao promotor cabe deduzir a pretensão acusatória, investigar e produzir provas, detendo, para tanto, parcela da soberania estatal; ao advogado cabe efetuar a defesa e garantir os direitos do réu e, ao legislador, cabe produzir legislação adequada aos sistema jurídico.*

Se transparece extremamente difícil ao julgador compreender que o processo penal democrático está intimamente ligado ao sistema acusatório, e que, nesse tom, não deveria ele sair a cata de provas e, sim, restar no aguardo daquelas que as partes pretendem produzir, inclusive contentando-se com elas, já que as partes são livres para assim definir (no que esta legitimado pelas incompreensíveis normas dos arts. 156, II, e 209 do CPP, claramente ofensivas do sistema acusatório), e que não deve julgar procedente a ação penal se o seu titular requerer a improcedência (ainda escorado no vetusto art. 385 do CPP), obviamente que não aceitaria o mero cumprimento da norma do art. 212, parágrafo único, do CPP, ainda que o texto seja de facilíssima exegese. Cumprir a lei aqui seria muito singelo e, claro, o mais esperado em um ambiente democrá-

---

[8] STRECK, Lenio Luiz; OLIVEIRA, Rafael Tomaz de. *O que é isto – as garantias processuais penais?* Porto Alegre: Livraria do Advogado, 2012. p. 54-61.

tico. Poréem, no cotidiano forense, como cediço, tal resta de improvável cumprimento.

Duração razoável do processo. Essa garantia processual vem prevista no artigo 5°, LXXVIII, porém o grave problema, e que acaba causando inúmeros transtornos no dia a dia forense, é o fato de a previsão constitucional descrever um termo em aberto, suscetível de várias interpretações. Deveras, obviamente o preceito não desvela o que se entende por um tempo *razoável*, e isso vai depender do olhar.

A carga a ser suportada pelo acusado em um processo penal é, por certo, algo que quem esta de fora consegue até apontar, mas não consegue dizer como é, ou seja, para quem nunca sofreu tal carga resta difícil dinamizar essa condição. Logo, o sentir do réu a respeito de quanto tempo conseguirá carregar essa *mochila de pedras pesadas* em que consiste o processo penal e o que compreende como um tempo razoável para suportá-la é um sentir todo dele, próprio, pessoal; para o outro, não réu, mesmo que seu defensor, a mensuração do peso desta carga é indizível, algo que não se consegue apreender de forma completa com qualquer dos sentidos. Dessarte, os olhares dos profissionais do Direito sobre essa tal razoabilidade provavelmente serão bastante diversos daquela do acusado, o que, afinal, significa dizer que a duração razoável do feito para o julgador ou o acusador é um tempo diferente do tempo vivido pelo réu. Talvez isso explique a razão de existência de inúmeras decisões judiciais que não vislumbram excesso na duração do processo, ainda que um significativo período tenha passado desde o início da ação penal. Aqui o ponto cerne do debate sobre tal garantia: quando ocorre o excesso de prazo? Mais: quem o assume, reconhecendo, sem pudores, que sua atividade revela-se morosa, desse reconhecimento gerando importantes efeitos para o processo?

Outrossim, a condição de razoabilidade do tempo do processo recebe outra medida para o caso de o acusado estar respondendo ao feito em prisão preventiva. As delongas, então,sejam legítimas ou não, serão sentidas de forma mais grave para o réu, que pode realmente ser prejudicado por um olhar que entenda a demora como algo razoável no âmbito processual. E aqui uma explicação: logicamente o processo penal enseja um tempo diferenciado para sua ultimação, pois se está diante de uma atividade que exige reflexão, e o refletir exige tempo. O tempo do processo difere em muito do tempo fora do processo, e, repisa-se, é natural que assim seja, em especial para que injustiças sejam obstadas. O julgar exige retidão, concentração, profundidade, e isso não se coaduna com a rapidez, com o superficial ou o efêmero. Uma certa demora está, pois, conjugada ao razoável. O problema é quando a demora se confronta com o encarceramento cautelar do acusado, e quando essa demora diz muito mais com deficiências ou ineficiências estruturais do Estado, e não em razão do *iter* processual.

Ora, são sabidas que essas dificuldades do Estado, das quais não escapa o Poder Judiciário, estão intimamente atreladas ao excessivo número de demandas judiciais, inclusive na esfera criminal, e que revelam uma estrutura insuficiente, em especial na Justiça Estadual, com pouco pessoal em Cartório e com variegados problemas quando do cumprimento das comunicações processuais, não se desconhecendo, por óbvio, as não raras hipóteses de faltas injustificadas de vítimas e testemunhas, o que acaba por, também, incrementar a lógica da delonga processual desmedida. O Tribunal Europeu de Direitos Humanos, outrossim, já decidiu que a sobrecarga de trabalho, crônica de um tribunal, não pode justificar dilação indevida, como adverte Kai Ambos.[9] Tal não impede, contudo, que, diariamente, sejamos confrontados com decisões que exatamente visam a justificar as delongas pelo número excessivo de feitos, o que apenas confirma, infelizmente, que todos ficam à mercê da discricionariedade jurisdicional em compreender no que consiste a razoabilidade, em uma verdadeira doutrina do não prazo.

A isso se soma a macrodeficiência do Estado-Administração (Poder Executivo), escancarada a partir das atividades de locomoção de presos das unidades prisionais às salas de audiência nos Foros, *locus* em que se encontra, possivelmente, o maior responsável pela frustração de audiências instrutórias e, logo, delongas na conclusão dos processos-crime.

Todavia, o acusado nada tem com isso. Os desmandos do Estado, pois, seja na esfera jurisdicional, seja na executiva, não podem ser mais uma carga a ser suportada pelo réu, já que tal *status* processual já confere uma gama infindável de prejuízos, provavelmente indeléveis.

A respeito da aferição do excesso, o Tribunal Europeu de Direitos Humanos tentou algo mais concreto para pautar a razoabilidade, e já discutia o assunto no longínquo ano de 1968, no caso Wemhoff, quando se criou a chamada *Teoria dos 7 Critérios*, mais tarde sedimentada em *Teoria dos 3 Critérios*,[10] hipóteses que servem de norte ao operador jurídico, quais sejam, a *complexidade* do caso concreto, a *atividade processual do imputado* (aqui abrangendo a atuação da defesa pessoal e da defesa técnica) e a *conduta das autoridades judiciárias* na condução do feito,[11] teorização que também é adotada pela Corte Interamericana de Direitos

---

[9] Caso Gast y Popp, sentença de 25/02/2000, Informes 2000-II, parágrafo 78. AMBOS, Kai. *Processo Penal Europeu*. Tradução Marcellus Polastri. Rio de Janeiro: Lumen Juris, 2008. p. 6.

[10] PASTOR, Daniel. *El Plazo Razonable en el Proceso del Estado de Derecho*. Buenos Aires: Ad Hoc, 2002. p. 111.

[11] AMBOS, Kai, obra citada, p. 6.

Humanos.[12] Com relação ao terceiro critério, mister que se alcance o *comportamento das autoridades estatais competentes* (judiciárias ou administrativas), tendo em vista que a atividade estatal desenvolvida de permeio ao processo-crime não se resume unicamente à judiciária, mas abrange ações do Poder Executivo, como o citado deslocamento de presos provisórios as solenidades.

Ainda que essa teorização tenha buscado um padrão acerca do que se entende por razoável, é inegável que permeia a vagueza e a indefinição quanto a isso, pouco avançando também o legislador na criação de normas que refiram prazos para encerramento de procedimentos (aliás, quando existentes,[13] pouco cumpridos, cujo incumprimento acaba sendo justificado por tudo que aqui ora se escreve) ou que digam com a prisão cautelar por excelência, qual seja, a prisão preventiva.

Em estando o acusado preso cautelarmente, essa situação pesará gravemente sobre ele, já que cada dia a mais de processo (e, dessarte, de prisão provisória) poderá significar, ao final e ao cabo, um conjunto odioso de dias de indevido encarceramento. Acaso não se confirme a procedência da imputação penal, não há de esperar desculpas pela delonga, pela quebra da presunção de inocência e pelo tempo que perdeu sob cárcere preventivo, já que a alteridade (ver a respeito o último capítulo) simplesmente não faz parte desse universo, muito pelo contrário, sendo mais provável que acusador e julgador ponham tudo isso na conta da necessária busca da verdade real (sim, essa *seja-lá-o-que-for* monstruosidade herança inquisitorial insiste em existir entre nós e, nesse momento, alguém, em alguma doutrina, decisão, sentença ou acórdão, está a reinscrevendo como a *metafinalidade* do processo penal). Ao réu caberá o difícil exercício de sua capacidade de resiliência.

Presunção de inocência. Previsto na Constituição Federal, art. 5º, LVII, esse princípio visa a garantir que ninguém será considerado culpado sem prova em contrário, prova esse reconhecida em sentença condenatória definitiva, ou seja, não mais sujeita a qualquer recurso. Claramente há duas faces em relação a essa garantia: uma condizente com a postura do julgador e das partes no processo penal, outra que diz com a impres-

---

[12] Como se observa do CASO 11.517, Diniz Bento da Silva (Brasil), de 2001, de acordo com LOPES JR., Aury; BADARÓ, Gustavo Henrique. *Direito ao Processo Penal no Prazo Razoável*. Rio de Janeiro: Lumen Juris, 2006. p. 40-41.

[13] Como exemplo, o prazo de 60 dias para designação de audiência de instrução e julgamento no procedimento ordinário (CPP, art. 399); o prazo de 90 dias para encerramento da primeira fase do procedimento do Tribunal do Juri (CPP, art.); o prazo de 30 dias (podendo chegar a 90) para audiência de instrução e julgamento no procedimento da Lei Antidrogas (Lei 11.343/06, art. 56); o prazo de 120 dias (podendo chegar a 240) para encerramento da instrução criminal quando o réu estiver preso, no procedimento para apuração de organização criminosa (Lei 12.850/2013, art. 22).

são geral para com o suspeito de um crime, e que, não raro, pode chegar ao extremo da vingança privada.

Como giza Nereu José Giacomolli:[14] "Partindo-se da inocência do acusado e não de sua culpabilidade, cabe a acusação a desconstituição do estado de inocência, ou seja, no processo penal é da acusação o encargo de provar". Logo, não se há de confundir as regras do processo civil com as do penal, já que naquele, em regra, a distribuição do ônus da prova ocorre de forma diferente, cabendo ao demandante a prova do fato constitutivo de seu direito e ao réu a prova de fato impeditivo, modificativo e/ou extintivo do direito daquele. A presunção de inculpável que milita em favor do acusado no processo penal deve fazer com que a dúvida lhe favoreça (*in dubio pro reo*), podendo mesmo restar inerte quanto à imputação, disso não devendo resultar qualquer interpretação desfavorável. Pode, pois, o acusado não fazer nada no processo, não produzir qualquer prova em seu favor, e dessa postura nenhum efeito negativo poderá exsurgir. Nesse tom, a reflexão de Aury Lopes Jr.,[15] para quem "É importante recordar que, no processo penal, não ha distribuição de cargas probatórias: a carga da prova esta inteiramente nas mãos do acusador, não só porque a primeira afirmação é feita por ele na peca acusatória (denuncia ou queixa), mas também porque o réu esta protegido pela presunção de inocência".

De se ver que mesmo o art. 156, *caput*, do CPP deve ser interpretado nesse contexto. Aquele que fizer uma alegação caberá a sua prova, mas, ainda que o réu alegue algo e não consiga comprovar, tal não afastará o dever primeiro do acusador em provar e fazer certa a imputação que abriu o processo penal. Significa dizer que o comportamento do acusado no processo, ativo ou inerte, não diminui a carga probatória do acusador, que permanece sendo a mesma, qual seja a de fazer abalar e ceder o estado presumido de inocência do réu. Nesse passo, ao acusador sempre sera impingido o dever de fazer a comprovação de que houve uma conduta típica, ilícita e culpável, de autoria do imputado, e que inexistem excludentes a afastar o ilícito ou isentar de pena. Essa compreensão deve blindar o acusado, para que não se reafirmem situações corriqueiras de se entender comprovada a autoria delitiva por não haver o réu se desincumbido eficientemente da prova de suas alegações.

Se o vislumbre da presunção de inocência e seus consequentes efeitos é algo que sempre necessita o máximo de cuidado e cautela, exatamente para que se não a rechace indevidamente de permeio a um processo penal que envolve atores talhados para a compreensão das Ciências Criminais, o que dizer de sua exata dimensão no senso comum, no espaço

---

[14] GIACOMOLLI, Nereu Jose. *O Devido Processo Penal*. Sao Paulo: Atlas, 2014. p. 96.

[15] LOPES JR., Aury. *Direito Processual Penal*. 10. ed. São Paulo: Saraiva, 2013. p. 549.

extraforo, extraprocesso, de permeio ao entendimento do homem médio? Ora, o estado de inocência de alguém submetido a uma investigação criminal, dai podendo ser considerado um suspeito, normalmente é colocado em xeque, mesmo antes de sequer se ouvir o que o mesmo tem a falar. Essa condição na vida de alguém, de virar suspeito, já detém o condão de, no seio da comunidade, em regra, abalar o seu crédito de pessoa *do bem*. A tendência de se *abraçar* uma acusação contra alguém após tomar conhecimento dela, passando a somente se esperar a efetiva comprovação *daquilo que só pode ser*, é algo humano demasiado humano e que pode chegar a níveis insuportáveis nas hipóteses em que o suspeito/indiciado/acusado foi preso provisoriamente, já que, nessa situação, a presunção que grassara no meio social sera de culpabilidade, por mais se queira inculcar a ideia contrária.

Não por acaso, aliás, o CPP foi alterado em 2008 para, em um de seus dispositivos (art. 478, I), impedir que o fato do uso de algemas no réu fosse usado como argumento de autoridade (e, obviamente, convencimento de autoria) aos jurados do povo no tribunal do júri, já que a "visualização" da condição de preso, simbolizada pelas algemas, possui o efeito deletério de desconstrução do perfil do acusado, e, nesse estuário, uma clara presunção de culpa.

IV. A compreensão das garantias como ato de alteridade

Posso falar em uma estética dos espelhos, no sentido de uma ordem, de um ditame, de uma lógica, ou como a compreensão que se obtém de um olhar via espelho? Na verdade, o que tento é dar uma interpretação da percepção de Levinas acerca da alteridade.[16] Esse termo tem a ver com eu, outro e espelhos, e refiro uma ética dos espelhos no sentido não de que essa constatação sobre espelhos é a correta (ética), mas que afirma uma postura usualmente encontrada de permeio a maioria das pessoas. A alteridade, pois, diria com a maneira como eu me relaciono com o outro, o que eu espero que ele faça frente às mais diversas situações do cotidiano, o que eu espero que ele seja quando confrontado, utilizando exatamente eu mesmo como modelo, fazendo de minhas atitudes frente às mais diversificadas situações um roteiro a ser seguido pelos demais, desde que eles sejam pessoas normais. Significa dizer que se parte do eu mesmo como observador, que se considera alguém normal. Assim, se eu ajo de certa maneira, espero que o outro, quando em certa situação, aja da mesma forma, pois isso seria o normal. Eu sou o modelo, eu

---

[16] A base para tanto é LEVINAS, Emmanuel. *Entre Nós – Ensaios Sobre a Alteridade*. Petrópolis: Vozes, 1997; e SOUZA, Ricardo Timm de. *Razões Plurais: itinerários da racionalidade ética no século XX: Adorno, Bergson, Derrida, Levinas, Rosenzweig*. Porto Alegre: EDIPUCRS, 2004. p. 167-212.

sou o paradigma, e olho o outro através de um espelho, que vai refletir nele o que eu sou, logo, ele deve ser eu mesmo em sua conduta, ele deve fazer o mesmo que eu fiz ou faria em confrontado com a mesma hipótese cotidiana. Nessa ótica, o eu mesmo e meu espelho representam uma totalidade, o eu é o todo, o totalitário, não admite a individualidade do outro, não convive com sua diferença, o individualismo do outro gera a indiferença do *eu mesmo* para com este outro.

Olhando o outro através de um espelho que reflete a mim, se o outro não seguir o mapa por mim traçado para ela, e que está no meu intelecto – salvo se eu a exteriorizar materialmente, via fala, por exemplo –, o seu agir diferente provocará o estranhamento, provocará o sentimento de repugna, de afastamento, de indiferença minha com relação a este outro do qual tanto espero um agir semelhante ou idêntico ao meu. Constatarei que ele não é igual a mim, ele não toma as atitudes que eu tomaria, ele foge do normal, ele é diferente, ele é estranho, estrangeiro, e, logo, para mim a existência dele soa indiferente. Eu me afasto, eu não quero conviver com estranhos, ele não pertence ao meu grupo, não pertence aos meus, logo ele não me diz respeito.

Isso é uma ética, não no sentido de ser o correto, mas no sentido de ser o comum, a ponto de ser um quase um modelo de convivência social, em que os estranhos serão tratados como estrangeiros e sofrerão de indiferença, e as consequências sociais serão por demais fortes. Como exemplo, no trânsito, posso esperar que os demais ajam a partir do espelho que reflete a *minha* atuação na condução do veículo, sendo que um eventual erro do outro provocará em mim, observador, uma extrema repugnância e, ao fim e ao cabo, indiferença para com esse *estrangeiro*. Estar na fila para algo e sofrer a violência moral de ser passado para trás por um terceiro que repentinamente passe à frente, gerará um efeito semelhante, e a indiferença fará por estigmatizar esse *violador*, fazendo com que eu me afaste dele e queria que os *meus* ou os que pensam como eu, os do meu grupo, também dele se afastem. Do meu olhar, ele merecerá um etiquetamento, um selo de péssima qualidade social a marcá-lo entre os demais. A minha indiferença para com o futuro dele é a maior reprimenda que posso realizar, uma vez superado o eventual desejo de violência demasiadamente humano e a violência privada (superação essa que se supõe existente em uma sociedade que se presume evoluída): não devo externar a minha repugnância pela *vis corporalis*, o meu *eu* é evoluído, a minha vingança privada será a indiferença, uma séria violência da alma.

A alteridade será, pois, então, deixar de impor a ética do espelho, ou seja, não impor o meu pensamento, a minha forma de pensar e agir sobre o outro? Não significa desrespeitar o meu código de conduta, ou respeitar até ali, até onde acaba a minha esfera e começa a do outro? Não significa justamente ter em conta e valor o que o outro pensa e respeitar isso, também lembrando que se espera que o outro também detenha essa mesma alteridade? Mas a alteridade pura não seria, também, além de não ficar impondo o *eu mesmo* sobre o outro, também não ficar cobrando que o outro aja igual, não cobrando o *eu dele* sobre mim? Quer dizer, a alteridade em estado de pureza diria com que eu não impusesse que o *outro* não imponha o *seu eu* sobre o meu? A minha alteridade seria, assim, pura, pois descompromissada em receber o mesmo do *outro*, eu teria alteridade independente do que o outro fizesse em relação a mim; seria algo como no pensamento cristão, *amar sem esperar nada em troca, apenas por amar*.

Cogitar de alteridade diz com cogitar da minha relação com o outro, e essa interação não haveria de ser feita através de espelhos, mas com um olhar caleidoscópio sobre o outro, aguardando inúmeras variáveis, esperando infinitas possibilidades, o que está mais para o campo da complexidade do que para o determinismo ou pensamento reducionista. Possivelmente não se conseguirá simplesmente deitar-se o olhar sobre o outro e conformar-se com sua postura ou posição sem que se aplique qualquer olhar crítico; uma total falta de crítica transparece ser, da mesma forma, uma face da indiferença, a qual resta inconciliável com a alteridade. O ponto estaria exatamente em colocar o criticismo, mas não negar a postura do outro apenas por ser diferente daquela que o meu *eu* considera a correta ou ligada ao bom senso.

Aqui, pois, se faz uma transposição, querendo tratar do assunto criminalidade e os efeitos que essa causa na sociedade, ou, mais precisamente, os efeitos do crime e da pessoa do criminoso sobre cada um dos indivíduos que compõem o corpo social, utilizando justamente a ética/ estética dos espelhos de cada um para com o outro, este outro aqui visto como o réu.

A relação com o outro é sempre uma relação humana. Transporte-se isso para o dia a dia forense e se terá um paradoxo. É sabido que ao réu em um processo-crime é dado o direito às garantias processuais, leque de tutelas que, como visto antes, tenta diminuir a sua situação de hipossuficiência frente a um Estado Máximo. Esse Estado, pois, há de o tratar não com indiferença, mas com alteridade, no sentido de saber que ali há um ser humano com todas as suas imperfeições, em que pese possível criminoso, em que pese possível quebrador de regras da sociedade. O problema é que o Estado não é o Estado em si, ou seja, não é um ente inanimado, intangível, mas uma instituição que existe em razão de pessoas o presentarem, o fazerem tangível e concreto, não apenas um ente abstrato como sugere o papel que o criou. E em sendo, na realidade, um aglomerado de pessoas que o veiculam, não há como não ocorrer, aqui, os mesmos problemas de alteridade que a relação interpessoal revela. E isso porque a relação Estado *versus* réu é também uma relação interpessoal, e que encontrará seu momento culminante na interação julgador/acusador *versus* acusado. Julgador e acusador públicos enxergarão o réu, o suspeito, o indiciado, como alguém que rompe aquilo que ninguém deve romper (as normas penais), percepção, alias, deveras natural, por mais que, na maioria dos momentos, quebre a presunção de inocência. Logo, na ética dos espelhos, o acusado concretiza o outro que não se comporta como aqueles que estão ali presentificando o Estado, e a tendência será, dessarte, a indiferença, dai defluindo quaisquer dos seus efeitos, entre eles, dentro do tema abordado, a nefasta inobservância de garantias processuais penais.

Por remate, não há como cogitar de alteridade, o outro, o estranhamento e a aceitação desse, sem levar em conta o momento em que vivemos. Deveras, uma das faces da *hipermodernidade* é o retorno(?) ao individualismo, que se pode colocar em níveis elevados, em que, antes do coletivo – que, claro, existe – está o individual, o privado, no sentido em que as pessoas olham muito mais para si do que para o conjunto. Esse individualismo está apegado à flexibilidade, paradoxalmente ao desapego a qualquer coisa que possa criar raízes e impedir a fluidez. O contemporâneo diz com o líquido, com o que é de fácil desenvoltura. Fluir sem presilhas, como o líquido, atravessando entre os obstáculos de forma contínua e desconcretada, sem dar importância à memória, ao passado, a tradição e sem dar maior preocupação com o futuro, a fim de não trancar a leveza do deixar levar-se; apenas o presente, vivido de forma leve e sem amarras. Esse estágio não se coaduna com obstáculos que venham a ser criados pelo outro; quer dizer, o outro, apenas por não ser o *eu mesmo*, já cria naturalmente limites à fluidez do meu caminhar, pois sua existência significa a imposição de fronteiras, o surgimento de muros que podem ser transpostos mas que necessitarão de consenso, de contato, de interação; e se este outro achar que eu posso ser, da mesma forma, um obstáculo ao fluir dele, teremos, por certo, o início de um problema, que somente será resolvido pelo aceite da diferença, da concordância com a existência de pensamento não semelhante. O individualismo, pois, em certo aspecto, se aparta da alteridade, e o advento de um neoindividualismo exacerbado, como o momento em que vivemos, por certo faz com que a compreensão da alteridade deva ser (re)construída.

Penso, pois, que se pode partir da ideia de que, se para cada situação da vida humana necessitamos, invariavelmente, da aquisição de cultura, a fim de que afastemos ao máximo qualquer resquício de selvageria, mister se faz que tal também ocorra, desde cedo na existência de cada pessoa, no que condiz com o respeito a direitos e garantias inclusive no processo penal, justamente para que haja uma devida socialização favorável ao respeito e não ao desrespeito. Se como diz Lyotard, os homens nascem homens e não nascem gatos como os gatos, a aquisição de tal cultura faz toda a diferença.

Referências

AMBOS, Kai. *Processo Penal Europeu*. Tradução Marcellus Polastri. Rio de Janeiro: Lumen Juris, 2008.

FERRAJOLI, Luigi. *Derecho y Razón – Teoria del Garantismo Penal*. 2ª ed. Trad. Perfecto Andrés Ibáñez *et al*. Madrid: Trotta, 1997.

GIACOMOLLI, Nereu José. *O Devido Processo Penal*. Sao Paulo: Atlas, 2014.

LEVINAS, Emmanuel. *Entre Nós – Ensaios Sobre a Alteridade*. Petrópolis: Vozes, 1997.

LIPOVETSKY, Gilles. A Era do Apos-dever. In: MORIN, Edgar; PRIGOGINE, Ilya *et al*. *A Sociedade em Busca de Valores*. Lisboa: Piaget, 1998.

LOPES JR., Aury. *Direito Processual Penal*. 10. ed. São Paulo: Saraiva, 2013.

——. *Introdução Critica ao Processo Penal*. Rio de Janeiro: Lumen Juris, 2004.

——; BADARÓ, Gustavo Henrique. *Direito ao Processo Penal no Prazo Razoável*. Rio de Janeiro: Lumen Juris, 2006.

MUÑOZ CONDE, Francisco. *Direito Penal e Controle Social*. Tradução Cintia Toledo Miranda Chaves. Rio de Janeiro: Forense, 2005.

PASTOR, Daniel. *El Plazo Razonable en el Proceso del Estado de Derecho*. Buenos Aires: Ad Hoc, 2002.

SOUZA, Ricardo Timm de. *Razões Plurais*: itinerários da racionalidade ética no século XX: Adorno, Bergson, Derrida, Levinas, Rosenzweig. Porto Alegre: EDIPUCRS, 2004. p. 167-212.

STRECK, Lenio Luiz; OLIVEIRA, Rafael Tomaz de. *O que é isto – as garantias processuais penais?* Porto Alegre: Livraria do Advogado, 2012.

TAVAREZ, Juarez. Reflexões Sobre a Relação "Violência e Criminalidade". In: BITENCOURT, Cezar Roberto. (coord.). *Direito Penal no Terceiro Milenio*: estudos em homenagem ao prof. Francisco Munoz Conde. Rio de Janeiro: Lumen Juris, 2008.

ZIZEK, Slavoj. *Violência*. Tradução Miguel Serras Pereira. São Paulo: Boitempo, 2014.

— 5 —

Crime político: amplitude conceitual
e relação com o terrorismo

ANDERSON VICHINKESKI TEIXEIRA[1]

Sumário: 1. Introdução; 2. Das origens do crime político às teorias para sua conceituação; 3. O crime político na Lei de Segurança Nacional; 4. Terrorismo e crime político: diferenças e aproximações; Referências bibliográficas.

1. Introdução

O conceito de crime político apresenta diversas implicações possíveis, seja no âmbito doutrinário, jurisprudencial ou mesmo legislativo. A doutrina pátria, como veremos melhor a seguir, associa tal noção a contextos políticos específicos, colocando como bem jurídico tutelado categorias amplas, como "interesses jurídicos da nação", por exemplo. A jurisprudência constitucional brasileira tem, historicamente, buscado não empregar a referida expressão, deixando-a para situações que envolvam direitos de estrangeiros, especificamente sobretudo refugiados ou exilados políticos. Já no âmbito legislativo, a tentativa de positivação mais objetiva ocorreu com a polêmica Lei de Segurança Nacional.

Diante de todas essas possíveis implicações, pretendemos analisar neste ensaio a viabilidade de aproximar crimes de terrorismo com crime político, uma vez que, no Brasil, seguindo tendência mundial, encontra--se em curso tentativas de criminalização e de uma melhor tipificação do terrorismo. Assim, em um primeiro momento, analisaremos as origens do conceito de crime político e seus desdobramentos conceituais. Em seguida, passaremos para um breve exame do referido conceito na Lei de

---

[1] Doutor em Teoria e História do Direito pela *Università degli Studi di Firenze* (IT), com estágio de pesquisa doutoral junto à Faculdade de Filosofia da *Université Paris Descartes-Sorbonne*. Estágio pós--doutoral junto à *Università degli Studi di Firenze*. Mestre em Direito do Estado pela PUC/RS. Professor do Programa de Pós-Graduação em Direito (Mestrado/Doutorado) da Universidade do Vale do Rio dos Sinos (UNISINOS). Advogado e consultor jurídico. Outros textos em: <www.andersonteixeira.com>.

Segurança Nacional. E, por fim, buscaremos marcar alguns traços distintivos entre crime político e terrorismo.

2. Das origens do crime político às teorias para sua conceituação

O marco inicial de utilização da noção de crime político é talvez impossível de ser precisado. Trata-se de expressão que é correlata ao desenvolvimento das civilizações humanas. No entanto, para uma melhor compreensão, recorde-se René Garraud, em sua obra clássica, quando refere que existiriam três fases:[2]

(1) fase bárbara ou fetichista, em que todo ato contra a tribo ou organização política ou ainda religiosa seria considerado punível com o exílio ou a pena de morte;

(2) fase despótica, caracterizada pela definição de crime de lesa-majestade, i.e., todo e qualquer ato atentatório ao poder real;

(3) fase política, em que os crimes de lesa-majestade tornam-se crimes contra a segurança do Estado.

Dessa classificação surge a atual distinção entre crimes contra a segurança interna e crimes contra a segurança externa do Estado, restando, porém, ambas as categorias sempre presentes no conceito geral de crime político.[3]

Todavia, é sobretudo com Cesare Beccaria que a fase atual, tida como liberal, do crime político ganha forma. Os antigos delitos de lesa-majestade e a cominação de pena de morte para muitos deles levaram Beccaria a questionar a própria legitimidade da pena capital e a vagueza do conceito de *delitti di lesa maestà*, pois: "A mera tirania e a ignorância, que confundem as palavras e as ideias mais claras, deram esse nome a crimes de natureza inteiramente diferentes, tornando assim os homens, como em milhares de outras ocasiões, vítimas de uma palavra".[4]

As dificuldades de sistematização acerca da categoria crime político foram muito influenciadas por posturas como a de Francesco Carrara, um dos principais penalistas europeus, que afirmava ser a tipificação de tais crimes produto de vontades políticas – muitas vezes partidárias – hegemônicas em dado momento histórico. Assim, seriam intromissões

---

[2] Cf. GARRAUD, René. *Traté théorique et pratique du droit penal français*. 2ª ed. Paris: Larose & Forcel, 1913, p. 253-256.

[3] Cf. GARRAUD, René. *Op. cit.*, p. 256.

[4] BECCARIA, Cesare. *Dei delitti e delle pene*. Milano: Feltrinelli, 2003, p. 79.

da política no meio jurídico, tornando impossível o seu devido enquadramento nas tradicionais categorias penais.[5]

No que concerne à natureza jurídica do crime político, embora não exista consenso doutrinário sobre o tema, podemos apontar três teorias como as principais existentes:

(1) *Teorias objetivas*: concentram as atenções no bem jurídico tutelado. Giovanni Impallomeni ressaltava que esta espécie de crime se voltava contra os poderes dos Estados ou suas bases sociais.[6] Na Itália, após sua Unificação, o Código Penal de 1889, chamado de Código Zananderlli, em homenagem ao Ministro da Justiça da época, concebia o crime em si como um ato com implicações políticas. Já os crimes especificamente políticos vinham previstos com penas mais gravosas, no Livro Segundo, Título I, "Dos delitos contra a segurança do Estado". Ressalte-se que a preocupação política não fica apenas limitada a este Título I, pois no Título II, "Dos delitos contra a liberdade", a primeira forma de liberdade protegida era a "liberdade política"; somente depois aparecem a liberdade de culto, liberdade individual, etc. O exemplo do Código Zananderlli é muito ilustrativo em relação às teorias objetivas, porque se trata de uma espécie de Código amplamente norteado pela proteção de bens jurídicos de cunho político, de natureza estatal ou que envolvam interesses sociais personificados nos poderes públicos.

(2) *Teorias subjetivas*: em geral, analisa-se o delito político a partir de quem o comete ou de quem o sofre. Associa-se a isto, fundamentalmente, o motivo que move o autor do delito. Ou seja, sendo por um motivo nobre, a reprovabilidade da conduta deveria ser menor; sendo por um motivo vil ou subversivo, a reprovabilidade deveria ser maior. Cesare Lombroso foi um dos principais defensores dessa teoria, figurando inclusive como um dos pensadores a dedicar maior atenção ao tema do crime político. Em obra clássica escrita juntamente com Rudolfo Laschi, em 1885, para o I Congresso de Antropologia Criminal, muitos dos caracteres de maior relevo da Escola Criminológica de Lombroso restam presentes quando ambos sustentam ser o delito político um ato de violência de minorias contra as condições políticas estabelecidas pela maioria, ou mesmo quando tal ato se constituía em uma tentativa de mudar os costumes e modos de pensar da maioria.[7] Recordam os autores o caso do julgamento de Sócrates: propor uma nova ideia de *nomos* e, com isso,

---

[5] Cfr. CARRARA, Francesco. *Programma del corso di Diritto Criminale*. Vol. 7. Lucca: Giusti, 1867, 3925-3927.

[6] Cf. IMPALLOMENI, Giovanni. *Istituzioni di Diritto Penale*. Torino: UTET, 1911, p. 225.

[7] Cfr. LOMBROSO, Cesare; LASCHI, Rudolfo. *Il delitto politico e le rivoluzioni*. Torino: Bocca Editori, 1890, p. 26-27.

subverter a juventude foi considerado à época um típico delito político.[8] Em outras palavras, o bem jurídico ofendido pode ter sido a vida ou o patrimônio, como, por exemplo, no caso de homicídio ou furto, respectivamente, mas a sua motivação converterá dada conduta em um comportamento de maior reprovabilidade, pois constituiria um crime político. Inversamente, como dito há pouco, caso a conduta delitiva seja movida por razões nobres, podendo até mesmo pretender uma revolução, seria então de menor reprovabilidade, pois o *vero delitto politico* não passaria de uma mera rebelião sem pretensões maiores ou mesmo sem condições reais para tanto.[9] O subjetivismo dessa teoria é tão elevado que, ao versarem sobre "A geografia do delito político", afirmam o que segue: "Em suma, nos países muito quentes e nos países muito frios é mínima a evolução do crime político".[10] Já nos países de calor temperado/moderado, a maior energia nos músculos e na mente favoreceria o desenvolvimento social e político, sobretudo para fins revolucionários.[11]

(3) *Teoria mista*: combinando aspectos das duas teorias precedentes, a teoria mista é aquela que goza de maiores partidários, em especial desde o pós-Segunda Guerra Mundial. Nelson Hungria ilustra com propriedade o conceito de crime político a partir da teoria mista: "são aqueles dirigidos, subjetiva e objetivamente, de modo imediato, contra o Estado como unidade orgânica das instituições políticas e sociais".[12] Ainda com base na doutrina brasileira, Heleno Fragoso ressalta a necessidade de que o fim político, mais especificamente, o fim atentatório à segurança do Estado esteja presente.[13] No entanto, retrocedendo um pouco no tempo, veremos, como bem recorda Luiz Régis Prado e Érika Mendes de Carvalho, que foi Eugenio Florian, possivelmente, o primeiro a "delinear uma teoria mista no preciso sentido do termo, consignando que na exata definição de delito político ao bem ou interesse jurídico ofendido deve obrigatoriamente associar-se o fim político".[14] Segundo o próprio Florian, na noção de delito político "devem se associar os critérios do bem ou do interesse jurídico e do fim político".[15]

Paralelamente às teorias existentes, duas classificações costumam ser feitas em relação aos crimes políticos.

---

[8] Cfr. LOMBROSO, Cesare; LASCHI, Rudolfo. *Op. cit.*, p. 29-30.

[9] *Idem*, p. 377.

[10] LOMBROSO, Cesare; LASCHI, Rudolfo. *Op. cit.*, p. 42. (tradução livre)

[11] *Ibidem*.

[12] HUNGRIA, Nelson. *Comentários ao Código Penal.* Vol. I. Rio de Janeiro: Forense, 1949, p. 166.

[13] Cf. FRAGOSO, Heleno. *Terrorismo e criminalidade política*. Rio de Janeiro: Forense, 1981, p. 35.

[14] PRADO, Luiz Régis; CARVALHO, Érika Mendes de. Delito político e terrorismo: uma aproximação conceitual. *Revista dos Tribunais*, Vol. 771, 2000, p. 428. (p. 421-447)

[15] FLORIAN, Eugenio. *Tratatto di Diritto Penale*. 3 ed. Milano: Vallandi, 1926, p. 387. (tradução livre)

A primeira classificação toma como referência a ofensa à soberania (interna ou externa) do Estado:

(1) Crimes políticos internos: são cometidos contra a segurança interna do Estado, contra suas principais instituições públicas ou contra o regime político instituído.

(2) Crimes políticos externos: são cometidos contra a integridade territorial do Estado, contra seus caracteres típicos de soberania externa ou contra a própria existência do Estado como unidade político organizada.

Já a segunda classificação, notadamente influenciada pela obra do espanhol Luis Giménez de Asúa, considera toda a amplitude conceitual da noção em tela, separando-a dos crimes comuns e dividindo-a em crimes políticos *lato sensu* e crimes políticos *stricto sensu*. Dada sua generalidade aqueles incluiriam, além destes, crimes anarquistas, crimes sociais e crimes terroristas.

Giménez Asúa[16] concebia os crimes políticos *stricto sensu* com três subcategorias:

(1) crimes políticos puros: voltados contra a estrutura do Estado e sua organização fundamental.

(2) crimes políticos complexos: são os que se dirigem, com a mesma conduta e contemporaneamente, contra a estrutura do Estado e outros bens jurídicos comuns.

(3) crimes políticos conexos: são os delitos-meio utilizados para atingir o fim político ou viabilizar a consumação do crime político puro.

Prado e Carvalho ressaltam que a distinção entre os crimes políticos complexos e os conexos "reside no fato de que naqueles prepondera o elemento subjetivo – o fim ou motivo que impulsiona o agente –, enquanto estes têm em sua essência um limite objetivo, qual seja, a 'atrocidade dos fatos perpetrados'".[17]

3. O crime político na Lei de Segurança Nacional

Momento histórico importantíssimo no desenvolvimento da tipificação do crime político no Brasil pode ser visto com a Lei de Segurança Nacional (Lei n. 7.170 de 1983). Produto, antes de tudo, do conflito ideológico entre EUA e URSS no pós-Segunda Guerra Mundial, os países que

---

[16] Cf. ASÚA, Luis Giménez. *Princípios de Derecho Penal. La ley y el delito*. Buenos Aires: Abeledo-Perrot, 1997, p. 187.

[17] PRADO, Luiz Régis; CARVALHO, Érika Mendes de. *Op. cit.*, p. 432.

compunham o eixo ideológico dos EUA, mais especificamente, o Brasil, passaram a adotar legislações repressivas a qualquer ideologia diversa da ideologia dominante. Assim, a Guerra Fria introduziu no Brasil a doutrina da segurança nacional, que, segundo salientou Carlos Canedo Gonçalves da Silva:

> Pode-se dizer que ela parte de diversos conceitos de guerra para chegar à conclusão acerca da necessidade de se estabelecer uma política 'consistente e global' de segurança nacional, contra os inimigos, que podem ser 'externos' ou 'internos', estes sempre identificados, embora nunca bem definidos, com as diversas formas usadas pelo movimento comunista internacional para infiltrar-se no país.[18]

Como bem recordou Fragoso, com a referida lei buscou-se "mudar o centro de gravidade dos crimes contra a segurança do Estado, definindo certas ações que, ao ver do legislador, atingem certos objetivos nacionais".[19] No entanto, o mesmo Fragoso admite que o que acabamos vendo foi a Lei de Segurança Nacional ser aplicada, com o beneplácito dos tribunais, para "perseguir operários, jornalistas, estudantes e religiosos por fatos que nada têm a ver com a segurança do Estado".[20]

No Título II da LSN estão previstas condutas notoriamente associáveis à noção de crime político, como, por exemplo:

> Art. 8º Entrar em entendimento ou negociação com governo ou grupo estrangeiro, ou seus agentes, para provocar guerra ou atos de hostilidade contra o Brasil.
>
> Pena: reclusão, de 3 a 15 anos.
>
> Parágrafo único – Ocorrendo a guerra ou sendo desencadeados os atos de hostilidade, a pena aumenta-se até o dobro.
>
> Art. 9º Tentar submeter o território nacional, ou parte dele, ao domínio ou à soberania de outro país.
>
> Pena: reclusão, de 4 a 20 anos.
>
> Parágrafo único – Se do fato resulta lesão corporal grave, a pena aumenta-se até um terço; se resulta morte aumenta-se até a metade.
>
> Art. 10. Aliciar indivíduos de outro país para invasão do território nacional.
>
> Pena: reclusão, de 3 a 10 anos.
>
> Parágrafo único – Ocorrendo a invasão, a pena aumenta-se até o dobro.
>
> Art. 11. Tentar desmembrar parte do território nacional para constituir país independente.
>
> Pena: reclusão, de 4 a 12 anos.
>
> Art. 12. Importar ou introduzir, no território nacional, por qualquer forma, sem autorização da autoridade federal competente, armamento ou material militar privativo das Forças Armadas.

---

[18] SILVA, Carlos. A. Canedo Gonçalves. *Crimes políticos*. Belo Horizonte: Del Rey, 1993, p. 106.

[19] FRAGOSO, Heleno. Para uma interpretação democrática da Lei de Segurança Nacional. In: *Jornal Folha de São Paulo*, 21 de abril de 1983, p. 34.

[20] Ibidem.

Pena: reclusão, de 3 a 10 anos.

Parágrafo único – Na mesma pena incorre quem, sem autorização legal, fabrica, vende, transporta, recebe, oculta, mantém em depósito ou distribui o armamento ou material militar de que trata este artigo.

Art. 13. Comunicar, entregar ou permitir a comunicação ou a entrega, a governo ou grupo estrangeiro, ou a organização ou grupo de existência ilegal, de dados, documentos ou cópias de documentos, planos, códigos, cifras ou assuntos que, no interesse do Estado brasileiro, são classificados como sigilosos.

Pena: reclusão, de 3 a 15 anos.

Parágrafo único – Incorre na mesma pena quem:

I – com o objetivo de realizar os atos previstos neste artigo, mantém serviço de espionagem ou dele participa;

II – com o mesmo objetivo, realiza atividade aerofotográfica ou de sensoreamento remoto, em qualquer parte do território nacional;

III – oculta ou presta auxílio a espião, sabendo-o tal, para subtraí-lo à ação da autoridade pública;

IV – obtém ou revela, para fim de espionagem, desenhos, projetos, fotografias, notícias ou informações a respeito de técnicas, de tecnologias, de componentes, de equipamentos, de instalações ou de sistemas de processamento automatizado de dados, em uso ou em desenvolvimento no País, que, reputados essenciais para a sua defesa, segurança ou economia, devem permanecer em segredo.

Veja-se que a modalidade culposa era admitida nos seguintes casos: "Art. 14 – Facilitar, culposamente, a prática de qualquer dos crimes previstos nos arts. 12 e 13, e seus parágrafos. Pena: detenção, de 1 a 5 anos".

Todavia, em crimes como os abaixo arrolados a amplitude da base de incidência da norma penal tornava cada tipo em si praticamente um tipo penal em aberto:

Art. 22. Fazer, em público, propaganda:

I – de processos violentos ou ilegais para alteração da ordem política ou social;

II – de discriminação racial, de luta pela violência entre as classes sociais, de perseguição religiosa;

III – de guerra;

IV – de qualquer dos crimes previstos nesta Lei.

Pena: detenção, de 1 a 4 anos.

§ 1º A pena é aumentada de um terço quando a propaganda for feita em local de trabalho ou por meio de rádio ou televisão.

§ 2º Sujeita-se à mesma pena quem distribui ou redistribui:

a) fundos destinados a realizar a propaganda de que trata este artigo;

b) ostensiva ou clandestinamente boletins ou panfletos contendo a mesma propaganda.

§ 3º Não constitui propaganda criminosa a exposição, a crítica ou o debate de quaisquer doutrinas.

Art. 23. Incitar:

I – à subversão da ordem política ou social;

II – à animosidade entre as Forças Armadas ou entre estas e as classes sociais ou as instituições civis;

III – à luta com violência entre as classes sociais;

IV – à prática de qualquer dos crimes previstos nesta Lei.

Pena: reclusão, de 1 a 4 anos.

Art. 24. Constituir, integrar ou manter organização ilegal de tipo militar, de qualquer forma ou natureza armada ou não, com ou sem fardamento, com finalidade combativa.

Pena: reclusão, de 2 a 8 anos.

Art. 25. Fazer funcionar, de fato, ainda que sob falso nome ou forma simulada, partido político ou associação dissolvidos por força de disposição legal ou de decisão judicial.

Pena: reclusão, de 1 a 5 anos.

Art. 26. Caluniar ou difamar o Presidente da República, o do Senado Federal, o da Câmara dos Deputados ou o do Supremo Tribunal Federal, imputando-lhes fato definido como crime ou fato ofensivo à reputação.

Pena: reclusão, de 1 a 4 anos.

Parágrafo único – Na mesma pena incorre quem, conhecendo o caráter ilícito da imputação, a propala ou divulga.

Surgia somente no art. 20 da Lei de Segurança Nacional uma previsão que gerava dúvidas sobre se tratar ou não de tipificação do terrorismo:

Art. 20. Devastar, saquear, extorquir, roubar, seqüestrar, manter em cárcere privado, incendiar, depredar, provocar explosão, praticar atentado pessoal ou atos de terrorismo, por inconformismo político ou para obtenção de fundos destinados à manutenção de organizações políticas clandestinas ou subversivas.

Pena: reclusão, de 3 a 10 anos.

Parágrafo único – Se do fato resulta lesão corporal grave, a pena aumenta-se até o dobro; se resulta morte, aumenta-se até o triplo.

A ausência de uma definição acerca do que são "atos de terrorismo" geraria uma ofensa ao princípio constitucional da legalidade penal (art. 5, XXXIX, da Constituição). Prado e Carvalho destacam que, embora seja latente a ausência de definição do que seriam "atos de terrorismo", para grande parte da doutrina da época o referido art. 20 estaria a tipificar adequadamente o crime de terrorismo.[21] Atualmente, parece ser incontestável que não existe na legislação brasileira o tipo penal "terrorismo".

Entretanto, para uma melhor compreensão deste conceito passemos ao item seguinte.

---

[21] PRADO, Luiz Régis; CARVALHO, Érika Mendes de. *Op. cit.*, p. 442.

4. Terrorismo e crime político: diferenças e aproximações

Definir terrorismo tem sido tarefa árdua para todos que tentam fazê--lo. Dois grandes problemas surgem: (1) diferenciar práticas de guerras ou simplesmente criminosas de práticas de terror e (2) definir o que torna alguém um terrorista. Na tentativa de abordar estes e outros problemas de maior relevo, relembraremos alguns dos conceitos mais utilizados de terrorismo.

Antes disso, vale recordar que a palavra em si "terrorismo" decorre do latim *deterrere* (deter, afugentar, amedrontar) combinado com *terrere* (terrificar).

Walter Laqueur define terrorismo como "o uso da violência por parte de um grupo para fins políticos, normalmente dirigido contra um governo, mas por vezes contra outro grupo étnico, classe, raça, religião ou movimento político. Qualquer tentativa de ser mais específico está voltada ao fracasso, pela simples razão de que não há um, mas muitos terrorismos diferentes".[22] Outra definição possível, que pode ser considerada clássica, já que toma o Estado como ponto de referência, é a de terror dada por Luigi Bonanate: "o instrumento de emergência a que um governo recorre para manter-se no poder".[23] Abrindo bem mais a perspectiva do que Laqueur e Bonanate, Noam Chomsky utiliza o termo *terrorismo* para referir "a ameaça ou o uso de violência para intimidar ou coagir (geralmente para fins políticos)".[24]

Uma noção mais completa de terrorismo foi dada por Antonio Cassesse. O jusinternacionalista italiano decompôs o conceito segundo seus principais elementos estruturantes:[25]

1. Os atos cometidos devem ser penalmente relevantes para a maior parte dos sistemas jurídicos nacionais.

2. Os atos criminosos devem ser destinados a coagir um Estado, uma organização internacional ou um ente não estatal, como uma empresa multinacional, difundindo o terror entre a população civil com a ameaça ou o uso de ações violentas.

3. Os atos criminosos devem ser cometidos por razões políticas, religiosas ou ideológicas, ao invés de razões econômicas.

---

[22] LAQUEUR, Walter. *The New Terrorism: Fanaticism and the Arms of Mass Destruction*. Oxford: Oxford University Press, 1999, p. 46. (tradução livre)

[23] BONANATE, Luigi. Terrorismo político. In: Bobbio, Norberto; Matteucci, Nicola; Pasquino, Giuseppe (orgs.). *Dicionário de política*. 2ª ed. Brasília: Editora UNB, 1986, p. 1242.

[24] CHOMSKY, Noam. In: SHAFRITZ, Jay M. *et al.*, *Almanac of Modern Terrorism*. Nova Iorque: Facts on File, 1991, p. 264.

[25] Cf. CASSESSE, Antonio. *Il sogno dei diritti umani*. Milão: Feltrinelli, 2008, p. 177-184.

Todavia, Danilo Zolo critica essa definição de Cassesse, acusando-a de ser adequada somente aos povos ocidentais.[26] A dificuldade está na impossibilidade de universalizar um conceito que não inclui o terrorismo de Estado, ou seja, coloca o terrorista como, necessariamente, um indivíduo isolado ou pertencente a um grupo de indivíduos. Zolo recorda que uma das principais reivindicações árabes é o reconhecimento do terrorismo praticado pelos Estados como também uma forma de terror.[27] Na tentativa de apresentar a sua definição, Zolo sustenta que, por terrorismo, devemos entender também os atos que "as autoridades políticas e militares de um Estado, usando armas de destruição em massa, valem-se da sua supremacia militar para agredir um outro Estado ou nação, e para difundir o terror e massacrar civis e militares".[28] Ou seja, o terror é um recurso ao qual indivíduos isolados, grupos ou Estados podem recorrer.

Tornando os olhos para a legislação brasileira, vemos que o crime político constitui *categoria mais abrangente* do que o terrorismo, pois deve buscar um fim político (elemento teleológico) e atentar contra órgão, poder ou estrutura do Estado (elemento objetivo; i.e., deve buscar lesionar um bem jurídico tutelado próprio do Estado). No entanto, Fragoso (1981, p. 95) destacava que "a estrutura do crime de terrorismo, a razão de ser da norma penal, e assim as formas de terrorismo previsto na lei de segurança nacional, são e sempre foram crimes políticos. É justamente deste ponto que parte toda a discussão acerca da caracterização dos atos de violência urbana". Ou seja, inevitavelmente, um ato de terrorismo será um crime político.

O grande ponto a se ter em mente é que o ato de terrorismo constitui momento último, violência extrema, de um agente ou grupo contra determinada ordem político-social. O enquadramento dado pela autoritária e pessimamente sistematizada Lei de Segurança Nacional, bem como por novos projetos de leis que, frequentemente, emergem no debate político, gera a terrível ameaça de confundir atos de violência urbana com atos de terrorismo. Veja-se que a partir de qualquer uma das definições que arrolamos acima – a título ilustrativo, mas também argumentativo – torna-se impossível pensar atos de violência urbana, como depredação de patrimônio, por exemplo, como ato terrorista.

Tal equívoco, além de ser um impropriedade jurídica brutal, pode culminar em situação análoga à da Lei de Segurança Nacional: tipos penais em aberto e definíveis de acordo com cada caso concreto! A subversão completa da ordem instituída, a ameaça a um inteiro grupo social,

---

[26] ZOLO, Danilo. *Terrorismo umanitario*. Reggio Emilia: Diabasis, 2009, p. 29.

[27] *Idem*, p. 30.

[28] *Idem*, p. 34.

entre outras agressões de maior profundidade no seio social, são sim atos notadamente terroristas.

Referências bibliográficas

ASÚA, Luis Giménez. *Princípios de Derecho Penal. La ley y el delito.* Buenos Aires: Abeledo--Perrot, 1997.

BECCARIA, Cesare. *Dei delitti e delle pene.* Milano: Feltrinelli, 2003.

BONANATE, Luigi. Terrorismo politico. In: Bobbio, Norberto; Matteucci, Nicola; Pasquino, Giuseppe (orgs.). *Dicionário de política.* 2ª ed. Brasília: Editora UNB, 1986.

CARRARA, Francesco. *Programma del corso di Diritto Criminale.* Vol. 7. Lucca: Giusti, 1867.

CASSESSE, Antonio. *Il sogno dei diritti umani.* Milão: Feltrinelli, 2008.

CHOMSKY, Noam. In: SHAFRITZ, Jay M. *et al., Almanac of Modern Terrorism.* Nova Iorque: Facts on File, 1991.

FLORIAN, Eugenio. *Tratatto di Diritto Penale.* 3 ed. Milano: Vallandi, 1926.

FRAGOSO, Heleno. *Terrorismo e criminalidade política.* Rio de Janeiro: Forense, 1981.

——. Para uma interpretação democrática da Lei de Segurança Nacional. In: *Jornal Folha de São Paulo,* 21 de abril de 1983, p. 34.

GARRAUD, René. *Traté théorique et pratique du droit penal français.* 2ª ed. Paris: Larose & Forcel, 1913.

HUNGRIA, Nelson. *Comentários ao Código Penal.* Vol. I. Rio de Janeiro: Forense, 1949.

IMPALLOMENI, Giovanni. *Istituzioni di Diritto Penale.* Torino: UTET, 1911.

LAQUEUR, Walter. The New Terrorism: Fanaticism and the Arms of Mass Destruction. Oxford: Oxford University Press, 1999.

LOMBROSO, Cesare; LASCHI, Rudolfo. *Il delitto politico e le rivoluzioni.* Torino: Bocca Editori, 1890.

PRADO, Luiz Régis; CARVALHO, Érika Mendes de. Delito político e terrorismo: uma aproximação conceitual. *Revista dos Tribunais,* Vol. 771, 2000, p. 421-447.

SILVA, Carlos. A. Canedo Gonçalves. *Crimes políticos.* Belo Horizonte: Del Rey, 1993.

ZOLO, Danilo. *Terrorismo umanitario.* Reggio Emilia: Diabasis, 2009.

— 6 —

A validade dos elementos coletados pelo agente infiltrado em face ao princípio do contraditório: uma análise a partir do ordenamento jurídico-constitucional de Portugal

ÁLVARO ROBERTO ANTANAVICIUS FERNANDES[1]

Sumário: 1. Considerações introdutórias; 2. As ações encobertas; 2.1. Para uma compreensão inicial; 2.2. As ações encobertas no ordenamento jurídico de Portugal; 2.2.1. Síntese do regime jurídico anterior; 2.2.2. O caso Teixeira de Castro c. Portugal; 2.2.3. A decisão proferida e os seus reflexos no Direito português; 2.2.4. O regime jurídico vigente; 2.3. O agente infiltrado e o agente provocador; 3. A validade dos elementos coletados pelo agente infiltrado; 3.1. Primeiras considerações; 3.2. Os elementos coletados pelo agente infiltrado; 3.2.1. O caso Calabbró c. Itália; 3.2.2. A validade dos elementos coletados pelo agente infiltrado: uma construção da (suposta) conformidade constitucional; 3.2.3. (Ainda sobre) a validade das provas coletadas pelo agente infiltrado: uma desconstrução da (suposta) conformidade constitucional a partir do princípio do contraditório; 4. Uma conclusão; Referências.

1. Considerações introdutórias

Em 5 de outubro de 1974, em Londres, após a explosão no Guildford Pub, Gerry Conlon, Paul Hill, Paddy Armstrong e Carole Richardson foram presos, torturados, interrogados e condenados à prisão perpétua. As autoridades policiais, a fim de apresentar rápidos resultados à população, passaram a prender irlandeses sem motivos e sem evidências. Após quinze anos de prisão, descobre-se que entre as provas obtidas mediante procedimento secreto havia a prova da inocência de Gerry Conlon, a qual não foi apresentada à defesa e ao julgador. Ele fora, então, condenado à margem da verdade. Na apelação, as palavras da advogada Gareth Pierce surgem como acusação: "Meritíssimo, este álibi de Gerry Conlon

---

[1] Doutorando em Ciências Jurídico-Criminais pela Faculdade de Direito da Universidade de Lisboa. Mestre em Ciências Criminais pela Pontifícia Universidade Católica do Rio Grande do Sul. Defensor Público do Estado do Rio Grande do Sul.

foi tomado pelo senhor Dixon um mês depois que ele foi preso. Esta anotação estava com o depoimento nos arquivos. Diz: Não mostrar à defesa. Quero fazer uma pergunta ao senhor Dixon: por que o álibi de Gerry Colon, acusado de matar cinco pessoas, não foi entregue à defesa?".

Este é um pequeno relato do filme *Em Nome do Pai*, baseado na biografia de Gerry Conlon, um dos primeiros homens condenados sob a vigência do Prevention of Terrorism Act de 1974, editado na Inglaterra para combater as atuações do IRA. Nele demonstram-se os problemas que podem emergir de procedimentos secretos, ocultos, sem contraditório, realizados de forma parcial com o propósito único de satisfazer interesses pré-determinados. Tais ponderações permitem, pensamos, justificar a opção por discutir a matéria.

No decorrer do texto, debatemos o papel do agente infiltrado – hoje já superada a questão do agente provocador – e a (in)validade das provas por ele coletadas para o fim de obter uma futura condenação. Toda a análise é feita com base no que dispõe o ordenamento jurídico português e fica restrita às questões processuais do instituto, deixando-se à margem qualquer discussão relativa aos aspectos de natureza material-substantiva.

Para iniciar, buscamos definir as ações encobertas e delimitar as respectivas finalidades, sem perder de vista quais fins se almejavam quando foram instituídas. Na sequência, a fim de propiciar uma compreensão dos seus contornos atuais, discorremos sobre o regime anterior em Portugal e acerca das razões para a modificação do regime, examinando, ao final, a atual regulamentação legal do instituto no ordenamento jurídico português. Isto é importante para entendermos a evolução da matéria e estabelecermos uma conformação (ou não) das atuais regras próprias das ações encobertas ao princípio do contraditório, nos termos em que consagrado na Constituição da República Portuguesa. Em seguimento, traçamos breve panorama das provas coletadas pelo agente provocador, discutindo a superação da controvérsia sobre sua (in)validade a partir da decisão adotada pelo Tribunal Europeu dos Direitos do Homem no célebre caso Teixeira de Castro c. Portugal, anotando, ao final, os diversos reflexos provocados no Direito português.

Já em um segundo e derradeiro momento, ingressamos no tema da validade da prova coletada pelo agente infiltrado, adotando como premissa elementar o absoluto respeito aos direitos fundamentais. Começamos pelo exame do caso Giuseppe Calabbró c. Itália para, logo após, proceder a um "diálogo" entre aqueles que defendem a validade destas provas e aqueles que as consideram como algo desconforme o Direito, essencialmente pela violação, em especial, ao princípio do contraditório.

Trata-se de uma proposta despida de uma pretensão de busca da solução definitiva à hipótese, mesmo porque toda teoria científica é sempre provisória, destinada a ser superada e retificada. Esperamos, contudo, que o presente texto torne possível uma contribuição para discutir a questão que, muitas vezes, "passa em branco" em meio ao debate processual penal.

2. As ações encobertas

2.1. Para uma compreensão inicial

A origem das chamadas ações encobertas, que deve ser examinada como premissa indispensável para o desenvolvimento das questões que estão por vir, está na então reconhecida incapacidade do Estado[2] para, já no século XVI,[3] atuar eficazmente no combate à criminalidade organizada, em geral, e ao delito de tráfico de entorpecentes, em especial. Criou-se, já naquele momento histórico, a figura do "agente provocador", que tinha por escopo combater a criminalidade então existente e que não mais se conseguia controlar a partir do uso dos métodos ortodoxos de prevenção e repressão, insuficientes que eram, principalmente neste último aspecto, as técnicas ordinárias de investigação.[4][5] Na Alemanha, onde acabou por ser dogmaticamente enquadrado, o instituto alcançou amparo legal nos diplomas que tratavam do terrorismo e do combate às drogas. Foi criada a figura do *V-Mann*, um agente policial ou controlado pela polícia, que

---

[2] Observar nota 3, *infra*.

[3] A referência à época de sua concepção enquanto método de obtenção da prova no processo penal e ao seu desenvolvimento e sistematização legal é importante para o fim de estabelecer um comparativo entre aquele momento histórico e os dias atuais, pressupondo-se conhecidas as diferenças histórico-políticas existentes.

[4] MEIREIS, Manuel Augusto Alves. *Op. cit.*, p. 13. Diz ele: "Historicamente, a figura do agente provocador surge em França no período do *Ancien Régime*. O *Parlement* e o *Châtelet*, a quem estava confiado om policiamento de Paris, não conseguiam mais fazer face à onda de criminalidade que assolava a cidade. Para reforçar a prevenção e a perseguição dos crimes é, então criado, por édito de 15 de Março de 1667, o 'lugar-tenente de polícia' ('lieutenent de police'): 'foram Jean Baptiste Colbert e Louis XIV que deram a Paris o seu primeiro lugar-tenente de polícia'.".

[5] Importante, perceber, contudo, que no princípio a atividade do "agente provocador" limitava-se à espionagem e informação dos fatos às autoridades, sem efetivo recurso ao provocar. Com o tempo, entretanto, a mera vigilância passou a não ser mais suficiente para neutralizar a oposição ao regime, pelo que se passa a utilizar, então, o método da provocação. (SÁNCHEZ, Juan Muñoz. *La moderna problemática jurídico-penal del agente provocador*. Valência: Tirant lo Blanch, 1995, p. 21). Esta, então, ao que se sabe, a origem do instituto, que sofreu modificações sistemáticas até os nossos dias. De qualquer forma, como se percebe, já naquela época, em virtude da incapacidade do Estado na prevenção ao crime, já havia espaço para o recurso ao "novo", em especial a meios pouco ortodoxos de investigação, ou a métodos "especiais" de obtenção da prova, pouco importando o "preço a pagar". Trata-se, pois, de um inadmissível utilitarismo processual, avaliando-se a ação adotada somente em função das consequências visadas.

teria a atribuição de exercer, ao arrepio dos métodos ordinários de investigação, uma complexa atividade de provocação tendente à busca de provas para incriminação do delinquente. Legalmente, definiu-se-o como a pessoa que, por diversos motivos (esclarecer o crime, denunciar os seus agentes, etc.), pudesse ser útil ao impedimento e esclarecimento do crime e cuja identidade seja mantida secreta à disposição das autoridades de instrução em cuja dependência tal pessoa opera. Já sob o aspecto formal, a doutrina o considera, em uma definição bastante restrita, como "todas as pessoas que pertencendo oficialmente à polícia, ocasional ou regularmente, com ou sem recompensa, lhe fornecem informações secretas".[6]

Em Portugal, as ações encobertas foram inicialmente admitidas em matéria de combate ao tráfico de entorpecentes, por meio do Decreto-Lei n°430/83, de 13 de dezembro (Lei da Droga), com as alterações introduzidas pelo Decreto-Lei n°15/93, de 22 de janeiro. Tal Decreto-Lei, mantendo o tratamento legal anteriormente dispensado aos "homens de confiança", estendeu a possibilidade da utilização do método de obtenção da prova em análise aos graves casos de criminalidade ligada ao terrorismo, criminalidade violenta ou altamente organizada (art. 51°, "1"), os quais foram, em termos, equiparados ao tráfico de entorpecentes. Além disso, veio a instituir as entregas controladas, permitindo um "retardamento" da intervenção policial sobre portadores de substâncias entorpecentes em trânsito em Portugal, sob regime de cooperação com outros países. Por fim, este diploma veio ainda a tipificar a conduta do branqueamento de proventos resultantes do tráfico de entorpecentes (art. 23°). Posteriormente, a Lei n° 36/94, de 29 de setembro, passou a admitir a utilização dos "homens de confiança" nas hipóteses de criminalidade vinculada à corrupção e aos crimes econômicos financeiros e, ainda, tratou de ampliar o seu campo de atuação. Quanto a isto, dispôs, no seu art. 6°, ser "legítima, com vista à obtenção de provas em fase de inquérito, a prática de atos de colaboração ou instrumentais relativamente aos crimes previstos no n° "1" do artigo 1° do presente diploma".[7] Após, a Lei n°45/96, de 03 de setembro, alterou parcialmente o regime inicial, aditando um novo artigo, o art. 59°-A, cuja análise faremos no item seguinte, no qual examinaremos, com detalhes, o regime anterior (ao atual) das ações encobertas.[8]

---

[6] Por todos, ver MEIREIS, Manuel Augusto Alves. *Op. cit.*, p. 28-29.

[7] Posteriormente o Tribunal Constitucional, por meio do acórdão n°578/98, de 14 de outubro (adiante citado), veio a entender ser desnecessária a existência prévia de inquérito para que se inicie a atuação do agente infiltrado.

[8] Sobre a evolução histórica da matéria em Portugal e em outros países examinar o texto das leis referidas e verificar, na doutrina, as seguintes obras: ONETO, Isabel. *O agente infiltrado. Contributo para a compreensão do regime jurídico das acções encobertas.* Coimbra: Coimbra Editora, 2005, p. 19-26, e RODRIGUES, Benjamim Silva . *Da prova penal. Tomo II.* Rei dos Livros: 2010, p. 105-114.

2.2. As ações encobertas no ordenamento jurídico de Portugal

2.2.1. Síntese do regime jurídico anterior

Nota-se, a partir do brevíssimo esboço histórico que acima fizemos,[9] uma preocupação constante do legislador português quanto a uma progressiva ampliação do catálogo de crimes que poderiam ser apurados mediante a utilização de uma ação encoberta[10] Mas qual o procedimento adotado a partir das regras então vigentes no ordenamento jurídico português, ou como se desenrolava este método de obtenção da prova anteriormente à adoção do "novo regime"?

A resposta está nos artigos 59° e 59°-A do Decreto-Lei n° 15/1993, introduzidos, como já referimos, pela Lei n°45/1996, que instituía um regime específico para utilização dos "homens de confiança".[11] Entendeu o legislador, no art. 59°, por não considerar punível qualquer conduta de funcionário de investigação criminal ou de terceiros – é a partir daí, aliás, que se passa a prever a intervenção de um terceiro não policial no decorrer destas ações –, sob a condição de estes atuarem sob o controle da Polícia Judiciária, respeitadas as demais condições da lei,[12] tudo condicionado a uma anterior autorização judicial. Havia a necessidade, ao final, de confecção de um relato da intervenção do funcionário ou do terceiro, que deveria ser enviado à autoridade judiciária no prazo máximo de quarenta e oito horas.

Já o art. 59°-A, introduzido a partir da Lei de 1996, tratou de inserir, de modo até certo ponto inovador, um regime especial de proteção dos funcionários de investigação criminal e dos terceiros que tivessem atuado na condição de agentes infiltrados, objetivando obstar a sua colocação sob risco de vida. Assim, já naquela época havia previsão para que o relatório somente fosse juntado ao processo se "absolutamente indispensável em termos probatórios", indispensabilidade que deveria ser prudentemente avaliada diante dos riscos inerentes a cada operação. Esta "apreciação da indispensabilidade" poderia ser remetida para o inquérito ou para a instrução, ficando o expediente, após o prévio registro, na posse da Polícia Judiciária. Outra cautela legalmente imposta consistia em observar-se, nos casos de "imprescindibilidade", o disposto no

---

[9] Para uma adequada compreensão da evolução legislativa e dos aspectos processuais do instituto ver, por todos, a conhecida obra de Benjamim da Silva Rodrigues (RODRIGUES, Benjamim Silva. *Da prova penal. Tomo II*. Rei dos Livros: 2010, p. 116-122), da qual vários valiosos subsídios foram extraídos.

[10] As razões para tanto já constam na nota 3, *supra*.

[11] Estes dispositivos estão hoje revogados pela Lei n° 101/2001, de 25 de Janeiro, conforme veremos adiante.

[12] Questão que não será desenvolvida, feita já a advertência de que este trabalho se limita ao exame dos aspectos processuais do instituto.

art. 87° do Código de Processo Penal quando o juiz determinasse o comparecimento do agente encoberto à audiência de julgamento – nestas hipóteses, há restrição da publicidade dos atos processuais, permitindo-se o acesso tão somente das pessoas que "devam intervir".

Este era, então, posto de uma forma bastante simplificada, o regime anterior das ações encobertas adotado em Portugal. A doutrina e a jurisprudência da época,[13] importante realçar, o aceitavam sem maior discussão. Veio, então, a condenação do estado português no célebre caso Teixeira de Castro c. Portugal e, a partir daí, operou-se uma completa transformação no tratamento legal da matéria.

Vamos entender este caso.

2.2.2. O caso Teixeira de Castro c. Portugal

Em 30 de dezembro de 1992, dois agentes da Polícia de Segurança de Portugal detiveram quatro pessoas por suposta prática de tráfico de entorpecentes. José Sampaio, um deles, negou qualquer envolvimento. Victor Sampaio, o outro, referiu assédio sistemático pelos dois policiais que pretendiam adquirir substância entorpecente, a quem negou possuir a droga. Na última vez, os policiais insistiram em adquirir heroína, tendo aceitado, então, por volta das 22 horas, ir à casa de Francisco Teixeira de Castro. Lá chegando, após nova insistência, este teria aceitado ir buscar vinte gramas da substância.

Instaurado o processo, questionada a problemática do "agente provocador" e a invalidade das provas por eles coletadas, entendeu-se finalmente por acolher, em 06 de dezembro de 1993, a imputação do crime de

---

[13] Consta do acórdão n°76/2001, proferido no processo n°508/99, no qual foi relator o Conselheiro Guilherme da Fonseca: "Decisivamente, mesmo que se queira ver na montagem da operação policial a utilização da figura do homem de confiança – e aqui seria o JM, *'o corruptor activo'*, como é chamado pelo recorrente –, a verdade é que com ele não foi proporcionada do lado do arguido uma decisão criminosa, até então inexistente, antes foi criada uma oportunidade com vista à obtenção de uma decisão criminosa prévia, já que *'havia sido estabelecido o acordo quanto à quantia a pagar para pôr em andamento o processo de reembolso do IVA'*, como se lê no acórdão recorrido (Costa Andrade, aceitando que *'o recurso ao homem de confiança configurará normalmente um meio enganoso'*, não deixa contudo de afirmar que, aos *'olhos da lei portuguesa o mais decisivo terá sido o respectivo potencial de danosidade social, enquanto atentado à liberdade de declaração'* – loc. cit. pág. 231, o que em todo o caso se não reconduz à situação descrita). *'Com efeito, na distinção e caracterização da proibição dum meio de prova pessoal é pertinente o respeito ou desrespeito da liberdade de vontade ou de decisão da capacidade de memorizar ou de avaliar. Desde que estes limites sejam respeitados, não será abalado o equilíbrio e a equidade entre os direitos das pessoas enquanto fontes ou detentoras da prova e as exigências públicas do inquérito e da investigação. A provocação, em matéria de proibição de prova só intervém se essas actuações visam incitar outra pessoa a cometer uma infracção que sem essa conduta não existiria'* (nas palavras de Simas Santos e Leal Henriques, *Código de Processo Penal*, p. 667/668). Por tudo isto é de concluir que a interpretação feita no acórdão recorrido, mesmo que seja a *'interpretação restritiva da expressão 'meios enganosos' por forma a dela excluir a operação policial que determinou a conduta do arguido'*, não é contrária *'à regra constitucional inscrita no art° 32°, n° 8 da CRP'*, diferentemente do que sustenta o recorrente, improcedendo, assim, as doze primeiras conclusões das suas alegações." (grifos no original)

tráfico de entorpecentes. Esta decisão foi confirmada, em 05 de maio de 1994, pelo Supremo Tribunal de Justiça, tendo os Conselheiros reconhecido a presença da provocação ("insistência muito forte"), mas considerado "natural que assim tenha acontecido".

Diante das sucessivas decisões contrárias à defesa, foi apresentada queixa perante a então Comissão Europeia dos Direitos do Homem, entendendo-se, em 25 de fevereiro de 1997, que houve violação do art. 6°, n° 1, da Convenção, que trata da ausência de processo equitativo. Entretanto, disseram não haver agressão ao disposto no art. 3°, que dispõe sobre tratamentos desumanos ou degradantes. Assim, ante a constatação de que estaria presente uma questão importante de interpretação e de aplicação da "Convenção", a Comissão suscitou a intervenção do Tribunal, aceita em 16 de abril de 1997. Seria a primeira vez que um Estado seria submetido a um julgamento desta natureza.

Realizada a audiência em 24 de março de 1998, o acórdão somente foi dado a conhecer em 09 de junho de 1998, acolhendo-se a queixa para condenar o Estado português. Foi a primeira condenação de um Estado em um julgamento realizado no Tribunal Europeu dos Direitos do Homem. Quais importantes efeitos, contudo, decorreram desta condenação? Disto nos ocupamos no item seguinte.

2.2.3. A decisão proferida e os seus reflexos no Direito português

Os acórdãos do Tribunal Europeu dos Direitos do Homem possuem a eficácia de caso julgado entre as partes, obrigando o Estado a adotar medidas para por fim ou reparar as consequências que indevidamente se produziram, repondo as coisas à sua situação anterior. Já se disse, neste sentido, que a obrigação de executar as decisões desta Corte é o fundamento essencial de proteção dos direitos humanos, decorrendo sua natureza vinculativa do próprio sistema instituído.[14] Assim, as sentenças possuem caráter vinculante para o Estado condenado, dispondo o art. 46.1 da Convenção Europeia dos Direitos do Homem que os Esta-

---

[14] Neste sentido, Maria José Morais Pires: "A obrigação de executar os Acórdãos do Tribunal Europeu dos Direitos do Homem constitui o fundamento essencial do mecanismo europeu de proteção dos direitos do homem. A letra e o espírito da Convenção Europeia impõem-se como instrumento de ordem pública europeia, que assegura a chamada 'garantia colectiva' dos direitos do homem. O Caráter vinculativo das sentenças do Tribunal decorre pois do próprio sistema, cuja natureza jurisdicional impõe a obrigatoriedade do cumprimento das decisões formalizadas em acórdãos, cujo conteúdo os Estados devem respeitar."(PIRES, Maria José Morais. *Execução dos Acórdãos do Tribunal Europeu dos Direitos do Homem – O protocolo n°14 à Convenção Europeia dos Direitos do Homem. Separata de Homenagem ao Prof. Doutor André Gonçalves Pereira*. Coimbra: Coimbra Editora, Edição da Faculdade de Direito da Universidade de Lisboa, 2006, p. 823). À expressão "instrumento de ordem pública", todavia, utilizada na passagem acima transcrita, preferimos utilizar "instrumento de segurança jurídica", por entendermos que é exatamente isto que se visa a salvaguardar a partir da observância plena das decisões do Tribunal Europeu dos Direitos do Homem.

dos se comprometem a acatar as sentenças definitivas do Tribunal nos litígios em que sejam partes.[15] No caso Teixeira de Castro c. Portugal, providenciou o Estado português, diante da impossibilidade de apagar os sofrimentos do "tempo da cadeia", por suprimir tal fato de seu registro criminal.

Este, porém, não foi o único efeito. De fato, já no ano de 2001, introduziu-se um novo regime para as ações encobertas (e não somente em Portugal, mas em toda a Europa), caracterizado por uma ruptura em relação ao anterior paradigma vinculado ao estrito combate ao tráfico de entorpecentes, desaparecendo o então vigente, embora polêmico, instituto do agente provocador. Tal modificação ocorreu com a edição da Lei n°101, de 25 de agosto de 2001, que aprovou o novo regime jurídico das ações encobertas para fins de prevenção e investigação criminal. O legislador optou, entretanto, por uma ampliação das hipóteses de cabimento da utilização das ações encobertas (art. 2°), nem sempre respeitando o princípio da proporcionalidade previsto no art. 18°, n° "2", da Constituição da República.[16] Tal questão examinaremos no item seguinte, já que traçar uma definição e delinear os pressupostos materiais e formais deste meio oculto de investigação criminal (ou método de obtenção da prova) é necessário para prosseguirmos em direção à busca da solução ao problema proposto.

2.2.4. O regime jurídico vigente

A Lei n° 101, de 25 de agosto de 2001, em decorrência da decisão adotada no Caso Teixeira de Castro c. Portugal, veio a aprovar um novo regime jurídico das ações encobertas para fins de prevenção e investigação criminal. Mas em que consistem atualmente tais ações encobertas? O que efetivamente mudou? Como se devem efetivar? Teria a nova lei contornado (todos) os problemas que se verificavam no regramento anterior? Necessário precisar tais questões, sem o que difícil continuarmos

---

[15] DÍEZ-PICAZO, Luis María. *Sistema de Derechos Fundamentales.* Madrid: Thomson Civitas, 2003, p. 156. Diz ele: "Es claro que 'definitivas' en la terminogía del Convenio Europeo, comporta firmeza, es decir, sentencias contra las que no cabe recurso alguno. Esto puede ocurrir de tres modos: primero, la sentencia pronunciada por una Sala no ha sido recorrida; segundo, si bien la sentencia de una Sala ha sido objeto de recurso, éste ha sido inadmitido; tercero, la sentencia ha sido pronunciada por la Gran Sala. El primero de los supuestos mencionados es el más normal, habida cuenta de las estrictas condiciones de admisibilidad de los recursos ante la Gran Sala. Aun en el terreno de la exégesis del art. 46.1 CEDH, es igualmente pacifico que 'acatar' no equivaler simplemente a respetar, sino que implica obediencia y cumplimiento de lo resuelto. Todo ello significa que sobre el Estado condenado por una sentencia del Tribunal Europeo de Derechos Humanos pesa el deber de poner fin a la violación del derecho y, en medida de lo posible, reponer la situación al estado de cosas existente antes de que se produjera la mencionada violación del derecho".

[16] RODRIGUES, Benjamim Silva . *Da prova penal. Tomo II.* Rei dos Livros: 2010, p. 105.

no desenvolvimento dos conteúdos indispensáveis à busca da solução do problema a que nos propusemos enfrentar.

Partindo diretamente para uma definição, entendemos que as ações encobertas devem ser atualmente concebidas como aquelas técnicas especiais desenvolvidas por funcionários de investigação criminal ou por terceiro atuando sob o controle da Polícia Judiciária para prevenção ou repressão dos crimes indicados na lei respectiva, com ocultação da sua qualidade e identidade.[17] Não obstante o caráter legal da definição, evidentemente não está impedida a análise, mesmo a crítica, em especial quanto aos seus pressupostos materiais e formais, mesmo porque não foram poucos os autores que se ocuparam do exame do instituto, como veremos adiante.

Assentada tal necessária premissa, imperativo faz-se examinar os requisitos legais legitimadores do desencadeamento de uma ação encoberta – ou acima referidos pressupostos materiais e formais – para que possamos aferir, ao final, com o auxílio de outras considerações, a respectiva conformação (ou não) ao princípio do contraditório, justificada, tão só por isto, a importância da abordagem.[18] São eles:

(a) observância do princípio da adequação, no sentido da pertinência da medida aos fins de prevenção e repressão criminais identificadas, com descoberta de material probatório, sendo sempre proporcionais àquelas finalidades e à gravidade do crime em investigação.[19] A leitura

---

[17] Art. 1º, nº 2, da Lei nº101/2001.

[18] Conforme assinala ISABEL ONETO, para a "determinação da validade da prova interessa o *modo* como a mesma foi obtida e não *quem* a obteve; ou seja, não é a qualidade do agente que influencia a aferição da validade da prova, mas, pelo contrário, é a análise do modo como a mesma foi recolhida." (ONETO, Isabel. *O agente infiltrado. Contributo para a compreensão do regime jurídico das acções encobertas.* Coimbra: Coimbra Editora, 2005, p. 20)

[19] Estes crimes estão elencados no art. 2º do Regime Jurídico das Ações Encobertas. Entendemos, contudo, não ser bastante a suspeita de prática de um destes crimes para que seja passível de utilização o método em questão, partindo-se de sua pressuposta constitucionalidade. Necessária, pois, a concorrência dos demais requisitos constantes da lei (art. 3º). Nesse sentido, pertinente a lição de BENJAMIM SILVA RODRIGUES: "Apela-se, num primeiro momento, para um princípio de adequação entre a eficácia das acções encobertas face às finalidades que se perseguem, sejam elas de prevenção ou mesmo as de repressão criminais e cuja análise e identificação deve ser, em cada caso, minuciosamente efectuada pela entidade que vai autorizar a medida. Em concreto, a análise deverá verificar se acção encoberta é imprescindível e insubstituível para a descoberta da verdade material. Além disso, exige-se que se respeite o princípio da proporcionalidade, num duplo sentido: em primeiro lugar, o princípio da proporcionalidade seleciona os casos em que poderá levar-se a cabo as 'acções encobertas', nomeadamente através do catálogo constante do art. 2º, alíneas 'a' a 'r'; em segundo lugar, ultrapassado o primeiro patamar da proporcionalidade – verificação de o crime concreto pertencer ao catálogo – exige-se que, em concreto, face a todo a pletora de meios de (obtenção da) prova, consagrados no CPP, nenhum deles se afigure apto, suficiente e adequado a permitir a aquisição de material probatório incriminatório. A alusão à gravidade do crime em investigação, no art. 3º, nº 1, acaba, de certa forma, por ser 'apagada' pelo facto de essa mesma 'gravidade' ser a que levou o legislador a inserir esse específico crime no catálogo. Desta forma, há-de significar uma outra coisa a alusão à idéia de 'gravidade do crime em investigação. Será possível que um dos crimes constantes dos artigos 2º, alínea a) a r), da Lei nº101/2001, de 25 de Agosto, em concreto, não adquira

atenta do texto da lei permite inferir estar o procedimento submetido a uma rígida observância do princípio da subsidiariedade, decorrência mesmo do princípio da necessidade, que autoriza, por sua vez, afirmar que a autoridade judiciária não poderá autorizar a adoção do procedimento em tela sempre que se puder fazer uso eficaz de uma técnica de investigação e prevenção criminal ordinária,[20] passível de realização pela própria polícia judiciária, de ofício. Como já realçamos, o recurso a esta modalidade de investigação só deve ocorrer no limite, naquelas hipóteses em que os agentes policiais ou os meios ortodoxos de investigação sejam absolutamente insuficientes para obter sucesso na apuração dos fatos delituosos e descoberta dos respectivos agentes criminosos e, simultaneamente, "a criminalidade ponha gravemente em causa os valores que só à justiça criminal cabe tutelar".[21] Não se pode esquecer, ainda, que jamais se poderá cogitar da adoção desta técnica de investigação sem que existam indícios razoáveis da existência de um crime para o qual a lei permita o recurso à utilização da figura do agente encoberto.

(b) impossibilidade de o Estado obrigar, sob qualquer hipótese, um indivíduo a participar de uma ação encoberta, conhecidos que são os perigos experimentados por quem se dispõe a colaborar, desta forma, com a investigação. Note-se, na mesma linha, a previsão constitucional do direito fundamental de liberdade,[22] consagrado no art. 27 da Lei Fundamental, segundo o qual "todos tem direito à liberdade e à segurança", salvo as hipóteses expressamente previstas na Constituição da República e na legislação infraconstitucional, quando for o caso. Por fim, cumpre

---

gravidade suficiente para justificar a medida? Julgamos que sim. O legislador pretendeu evitar o automatismo 'crime de catálogo = admissibilidade das ações encobertas', assim significando que a simples presença de um crime do catálogo não pode, sem mais, legitimar, sem qualquer outro juízo (de proporcionalidade), a admissibilidade das ações encobertas". (RODRIGUES, Benjamim Silva. *Da prova penal. Tomo II.* Rei dos Livros: 2010, p. 124-125)

[20] Como revela o próprio art. 1º do Regime Jurídico das Ações Encobertas, estas constituem-se em uma técnica *especial* de investigação (...)

[21] SILVA, Germano Marques. *Bufos, infiltrados, provocadores e arrependidos.* Direito e Justiça, Volume VIII, Tomo 2, 1994, p. 31.

[22] Como assinalam Jorge Miranda e Rui Medeiros: "A liberdade é um momento absolutamente decisivo e essencial – para não dizer, o próprio e constitutivo modo de ser – da pessoa humana (Acórdão nº607/03: 'exigência ôntica'), que lhe empresta aquela dignidade em que encontra o seu fundamento granítico a ordem jurídica (e, antes de mais, jurídico-constitucional) portuguesa (art. 1º da Constituição). Pode dizer-se, nesse sentido, a 'pedra angular do edifício social' (Acórdão nº1166/96). Como momento de seu próprio ser, a liberdade marca naturalmente a sua presença em todos os múltiplos domínios em que, na dinâmica da sua vida, se exprime e se actualiza ou realiza a pessoa humana. É assim que se explica a identificação de várias liberdades, que mais não são, afinal, do que as refracções ou aspectos da mesma liberdade humana nos diversos sectores ou aspectos da vida social do Homem". (MIRANDA, Jorge e MEDEIROS, Rui. *Constituição Portuguesa Anotada.* Tomo I. Coimbra: Coimbra Editora, 2005, p. 299-300). Assim, a liberdade é um atributo do ser humano, a ele inerente, que dela não pode ser privado senão nas hipóteses legais (amplo senso) existentes, o que não parece ser o caso; ao contrário, há, aqui, inequívoca vedação de violação ou mitigação do direito fundamental em análise.

lembrar que ao Estado português cabe, por imposição constitucional, garantir os direitos e liberdades fundamentais e o respeito aos princípios do estado de Direito Democrático.[23]

(c) durante o inquérito, o desencadeamento de uma ação encoberta depende de prévia autorização do Ministério Público, que deve comunicar imediatamente ao juiz de instrução, considerando-se válida na ausência de despacho denegatório dentro de setenta e duas horas (art. 3°, n° "3", do Código Penal). Esta autorização do Ministério Público fica, então, sujeita a um controle judicial, ainda que ratificador (ou não) da providência já determinada, o que possui justificativa na potencial violação indevida dos direitos fundamentais no âmbito da repressão ao crime.

(d) caso a ação encoberta ocorra no âmbito processual, é competente para autorização o juiz da instrução criminal, mediante proposta do Ministério Público. Nesta hipótese, porque se está já na fase judicial, não haveria sentido para que a autorização não seguisse o que constitucionalmente vem estabelecido, reservando-se ao juiz a apreciação da matéria.[24]

(e) impossibilidade de que se venha a desencadear uma ação encoberta por iniciativa da autoridade incumbida da investigação criminal, havendo invariavelmente de partir de uma autorização do Ministério Público ou do Juiz da instrução, e a imposição legal à Polícia Judiciária de elaborar e enviar um relatório da intervenção do agente encoberto (infiltrado) à autoridade judiciária competente no prazo máximo de quarenta e oito horas após o término da ação encoberta.

Agora, já sintetizados os requisitos legais, é possível e importante perceber a extrema cautela – iniciativa do Ministério Público, controle judicial e relatório policial sobre a intervenção do agente encoberto, com detalhamento de todas as diligências empreendidas – de que se deve revestir o procedimento. Isto demonstra, por si só, a delicadeza do método extraordinário de investigação e os cuidados que se devem adotar quanto à correspondente utilização.[25]

---

[23] Conforme o art. 9°, b), da Lei Fundamental, que prevê como uma das tarefas fundamentais do Estado "garantir os direitos e liberdades fundamentais e o respeito pelos princípios do Estado de direito democrático".

[24] O art. 32°, 4, da Constituição Portuguesa estabelece que "toda a instrução é de competência de um juiz, o qual pode, nos termos da lei, delegar noutras entidades a prática de atos instrutórios que se não prendam diretamente com os direitos fundamentais".

[25] Na verdade, a edição da lei, como bem lembra ISABEL ONETO, foi precedida de amplo debate no decorrer do qual decidiu-se pela eliminação do art. 7°, que previa a possibilidade de registros fotográficos, cinematográficos, fonográficos, por meio de processos eletrônicos, ou quaisquer outros registros mecânicos sem o consentimento do visado. Tal previsão, com efeito, foi por muitos, em especial pelo magistrado judicial José Mouraz Lopes, considerada como um lamentável atentado ao quadro legislativo processual que tutela os direitos fundamentais. (ONETO, Isabel. *O agente infiltrado. Contributo para a compreensão do regime jurídico das acções encobertas.* Coimbra: Coimbra Editora, 2005, p. 118-119)

Para além disso, já delineado o modo de proceder, ainda se mostra pertinente uma referência a dois aspectos previstos na legislação vigente. O art. 4° do atual Regime Jurídico das Ações Encobertas determina que somente se indispensável em termos probatórios será determinada a juntada aos autos do relato elaborado pela autoridade policial, dispondo, ainda, que o agente infiltrado, nos casos em que tal vier a se considerar imprescindível, possa prestar depoimento ao abrigo da identidade fictícia que lhe teria sido atribuída, e com publicidade restrita, ou seja, com a presença somente daqueles que devam intervir no ato. O art. 5° veio a criar a figura da identidade fictícia, a que acima se fez alusão, facultada unicamente a agentes policiais – excluídos, portanto, terceiros colaboradores –, a qual pode ser atribuída ao agente infiltrado. Esta identidade fictícia é válida por seis meses, possibilitada prorrogação por períodos de igual duração, e pode ser utilizada pelo agente em todas as atividades de sua vida diária, conforme estabelece o art. 5°, "2", da lei em análise.

Para completar o conjunto de premissas indispensáveis ao estudo do tema e busca de soluções, examinaremos, no item seguinte, o significado, ou o que se deve compreender, atualmente, sobre o agente infiltrado, demonstrando quais diferenças existem entre este e o outrora previsto agente provocador.

2.3. O agente infiltrado e o agente provocador

O agente infiltrado, em sua feição atual, pode ser definido como "o membro da investigação criminal ou terceiro que, atuando sob o controlo da Polícia Judiciária e com ocultação de sua identidade, tenha por finalidade obter provas para incriminação do suspeito a partir da obtenção de sua confiança pessoal, possibilitando, destarte, que melhor o observe e colha provas com finalidades exclusivas de prevenção ou repressão penal, sem contudo, induzir ou instigar à prática da infração penal".[26] Ou, em uma definição mais sintética, é quem busca desvendar crimes já realizados, colhendo elementos a respeito, sempre ocultando a sua condição, da qual não vem a saber, em tese, o investigado, o que faz para colher as informações e obter sucesso no procedimento criminal a ser porventura ulteriormente iniciado. Enquanto o agente provocador era, em síntese, aquela pessoa que induzia um terceiro ao cometimento de uma infração penal com o propósito único de colher provas para sua condenação, por recompensa ou "satisfação moral", o agente infiltrado é aquele que atua de forma passiva, no "interior" das organizações criminosas, sem criar no agente, entretanto, a intenção quanto ao cometimento do delito. Esta,

---

[26] GONÇALVES, Fernando. ALVES, Manuel João. VALENTE, Manoel Monteiro Guedes. *Lei e Crime – o Agente Infiltrado Versus o Agente Provocador – Os Princípios do Processo Penal.* Coimbra: Coimbra Editora, 2001, p. 264.

a decisão criminosa, já estaria tomada.[27] O atuar do agente provocador revelava-se, assim, como algo essencial para a eclosão do evento criminoso, que não ocorreria sem a sua "instigação".[28]

Feitas tais considerações, precisados os conceitos que serão utilizados, faz-se perfeitamente possível adentrar no item subsequente. Neste, nos ocupamos da análise do ponto central deste estudo, consistente em examinar e questionar as provas coletadas pelo agente infiltrado, investigando até que ponto podem – se é que podem – validamente servir de substrato para formar a convicção do julgador no sentido de emissão de um decreto penal condenatório, e quando isto seria possível, no caso de admitirmos a viabilidade jurídica, sempre em atenção ao princípio do contraditório.

3. A validade dos elementos coletados pelo agente infiltrado

3.1. Primeiras considerações

A análise sobre a (in)validade dos elementos colhidos pelo agente infiltrado não se pode ainda iniciar sem que, previamente, sejam tecidas certas considerações sobre as proibições de prova. E, ao disto nos ocuparmos, não nos podemos omitir quanto a distinguir três aspectos, quais sejam os temas de prova proibidos, os meios de prova proibidos e os métodos proibidos de obtenção dos meios de prova. Interessando-nos especificamente estes últimos, desde já os definimos como sendo os procedimentos e os instrumentos dos quais se utilizam as autoridades competentes para a investigação, os advogados e os particulares com a finalidade de buscar meios de prova hábeis a provar os fatos alegados no processo. Tais meios de prova não devem, contudo, ser obtidos mediante a adoção de procedimentos violadores do direito de liberdade em sentido amplo (ressalvadas as hipóteses previstas na Constituição), tampouco violadores de formalidades relacionadas à obtenção das provas em geral, nisto consistindo as proibições referentes à obtenção dos meios de prova.[29]

---

[27] MONTE, Mário Ferreira. Anotação ao Relatório da Comissão Européia dos Direitos do Homem, processo n° 25.829/94, Francisco Teixeira de Castro contra Portugal". *In: Scientia Jurídica – Revista de Direito Comparado Português e Brasileiro, Tomo XLVI.* Universidade de Minho, 1997, p. 197.

[28] Apenas para deixar claro, escapa ao âmbito do presente trabalho questionar as consequências jurídicas da atuação do agente infiltrado e do agente provocador, tal como posto já na introdução constante do presente trabalho. Tal, com efeito, constitui matéria complexa, de natureza substantiva, bastante debatida no direito comparado, de forma que buscar o exame da questão seria ampliar sobremodo o âmbito deste estudo.

[29] MENDES, Paulo de Sousa. As proibições de prova no processo penal, *In: AA. VV. Jornada de Direito Processual Penal e Direitos Fundamentais* (coord.). Maria Fernanda Palma. Coimbra: Almedina, 2004, p. 134-137.

Neste ponto, são revestidos de nulidade, nos termos postos na Constituição da República, todos os elementos que restarem obtidos mediante tortura, violação do direito à integridade física ou moral da pessoa, abusiva intromissão na sua vida privada, no seu domicílio, na sua correspondência ou nas suas telecomunicações. O Código de Processo Penal português, por sua vez, ao tratar dos métodos proibidos de prova, estabelece, reproduzindo em parte o texto constitucional, serem proibidas as provas obtidas mediante ofensa à integridade física ou moral das pessoas, mesmo que com consentimento delas, mediante procedimentos viciados na conformidade das alíneas que integram o dispositivo legal. Refere, ainda, igualmente na esteira do disposto na Lei Fundamental, que, excepcionadas as hipóteses previstas em lei, são nulas, impassíveis de utilização no processo penal, as provas obtidas mediante intromissão na vida privada, no domicílio, na correspondência ou nas telecomunicações sem o consentimento do respectivo titular.

Esta regulamentação legal, impõe realçar, foi instituída somente em 29 de agosto de 2007, pela Lei n° 48/2007 – posteriormente à edição da Lei n° 101/2001, de 25 de agosto, à qual contudo, já estaria, em tese, adaptada ao texto da Constituição Federal –, que teve por finalidade adaptar o Código de Processo Penal aos imperativos da Lei Fundamental. Antes disso, porém, não era assim, especialmente em momento prévio à edição da referida Lei n° 101/2001, de 25 de agosto, no que toca às ações encobertas. Ao contrário, estas, ao arrepio do que dispunha a Constituição portuguesa, e com substrato no argumento utilitarista da máxima eficácia da justiça penal, foi por muito tempo prática corrente em meio a investigações policiais com o aval das autoridades judiciárias, que nela viam uma necessidade para combate ao crime organizado, notadamente ao tráfico ilícito de entorpecentes.[30] [31]

Contudo, sobreveio a condenação do Estado português no caso Teixeira de Castro c. Portugal e, a partir de então, operou-se, como já tive-

---

[30] O instituto, então, tem seu fundamento em uma questão de natureza político-estrutural – de incapacidade dos poderes constituídos e dos órgãos de persecução criminal na eficaz atuação contra o crime (organizado) –, constituindo-se em (mais) um instrumento criado a partir de uma constatada ineficiência do Estado na consecução de seus fins (e estes, no caso tratado, parecem justificar os meios). De fato, pretendeu-se, já dissemos, buscar algo no que não lograva êxito (prevenção e repressão ao crime organizado) por intermédio do uso dos métodos comumente empregados para busca dos elementos – métodos estes construídos legitimamente, em tese, a partir de regras jurídico-constitucionais, em especial daquelas que dizem respeito aos direitos fundamentais do indivíduo –, para passar-se a adotar outros métodos investigativos de duvidosa validade ou conformidade constitucional.

[31] Como assinala GIMENO SENDRA, uma reação eficaz ao crime organizado tornaria prudente a utilização de técnicas investigatórias ocultas aptas a fazer frente à opacidade e clandestinidade com que atuam as grandes organizações criminosas – no entanto, e isto se mostra bastante importante, o próprio autor reconhece que tais procedimentos traduzem-se em medidas efetivamente restritivas dos direitos fundamentais (*in: Derecho Procesal Penal*. Madrid: Editorial Colex, 2004, p. 471), premissa importante para que possamos prosseguir.

mos a oportunidade de ressaltar, a drástica mudança na jurisprudência portuguesa – e, por via reflexa, na de toda a Europa. Aquele procedimento que se efetivava mediante adoção do agente provocador passou a ser rechaçado, fazendo com que a doutrina e a jurisprudência portuguesas tivessem de revisar entendimentos anteriores, para, em sua imensa maioria, sustentarem a invalidade da prova coletada pelo agente provocador. Este entendimento teria como razão determinante a violação ao princípio democrático e ao princípio da lealdade.[32] O princípio democrático consiste na liberdade concedida ao cidadão no sentido da escolha de seus atos, não fazendo parte de uma democracia a existência de um sistema processual que venha a autorizar que os operadores da justiça, inclusive os órgãos da polícia criminal que trabalham no sentido de que aquela seja observada e que se constitua em um valor essencial da sociedade, utilizem meios e métodos antidemocráticos, próprios de uma "legitimação autoritária de poder". Já o princípio da lealdade impõe aos agentes da administração da justiça a obrigação de atuarem de acordo com os valores próprios da pessoa humana, como a respectiva dignidade, acima de tudo.[33]

No campo jurisprudencial, o acórdão n° 578/98 do Tribunal Constitucional, exemplificativamente, veio a reconhecer a invalidade da prova coletada pelo agente provocador. Para justificar a posição assumida, os Conselheiros consignaram a imoralidade consistente em, num Estado de Direito, punir o agente que um membro do Poder Público induziu ou instigou a cometer uma conduta criminosa. Na mesma linha, o acórdão n° 02P4510, de 20 de fevereiro de 2003, do Supremo Tribunal de Justiça, decidiu que no atual contexto normativo a atuação do agente provocador seria, em regra, proibida. Haveria, contudo, necessidade de distinguir os casos em que a atuação do agente encoberto vem a criar uma intenção criminosa até então inexistente daquelas hipóteses em que o sujeito já está implícita ou potencialmente inclinado a delinquir e a atuação do agente (provocador) apenas põe em marcha aquela decisão. E nesta distinção e caracterização da proibição do meio de prova seria pertinente o respeito ou desrespeito da liberdade de determinação de vontade ou de decisão da capacidade de memorizar ou de avaliar. A decisão do tribunal, então, foi no sentido de estabelecer uma diferença clara ente o agente infiltrado e o agente provocador, para admitir a prova colhida pelo primeiro, que se abstém de criar a intenção criminosa no agente, e rechaçar, como regra, os elementos coletados por aquele que induz outrem

---

[32] GONÇALVES, Fernando. ALVES, Manuel João. VALENTE, Manoel Monteiro Guedes. *Lei e Crime – o Agente Infiltrado Versus o Agente Provocador – Os Princípios do Processo Penal*. Coimbra: Coimbra Editora, 2001, p. 257-259.

[33] GONÇALVES, Fernando. ALVES, Manuel João. VALENTE, Manoel Monteiro Guedes. *O novo regime jurídico do agente infiltrado*. Coimbra: Almedina, 2001, p. 31-32.

ao cometimento da infração penal. Tal decisão está em consonância com o posicionamento adotado pelo Tribunal Constitucional. Finalmente, o Tribunal da Relação de Évora afirmou, no acórdão n°370/04.1JELSB.E1, de 20 de setembro de 2011, que uma ação provocadora, levada a cabo por agente encoberto, é manifestamente contrária ao disposto no artigo 32/8 da Constituição e no artigo 126 do Código de Processo Penal, pois atinge os direitos fundamentais e afeta, nomeadamente, os princípios da lealdade e da integridade moral, subjacentes ao processo penal e ao direito constitucional, respectivamente, sendo de considerar-se como prova proibida. Tal decisão igualmente se amolda ao que vem sendo decidido pelos tribunais superiores, decorrendo, do comparativo dos casos, que efetivamente a jurisprudência, tal qual a doutrina, vem refutando a validade da prova coletada por agente provocador, por manifesta inconstitucionalidade.

Definidas tais questões, necessário, neste momento, dispensar algumas linhas para verificar o que ocorre quanto à legitimidade dos elementos probatórios coletados pelo agente infiltrado, a partir do que doutrinariamente se tem produzido e igualmente diante das decisões dos tribunais portugueses e, igual e especialmente, do Tribunal Europeu dos Direitos do Homem.

3.2. Os elementos coletados pelo agente infiltrado

3.2.1. O caso Calabbró c. Itália

Giuseppe Calabbró foi preso na cidade de Bréscia no momento em que se preparava para adquirir grande quantidade de cocaína. Consta do relatório que o entorpecente foi transportado por um "colaborador", chamado Jürgen, no âmbito de uma operação desencadeada pela Itália e pela Alemanha. Dois dias antes da prisão, Jürgen hospedou-se em um hotel de Bréscia, permanentemente vigiado pela polícia. No dia seguinte, Jürgen telefonou a "X", um traficante residente em Marbella (Espanha) interessado em adquirir a droga, tendo este, o traficante, referido que falou do assunto com Giuseppe Calabbró. Em 19 de julho, então, "X" comunicou a Jürgen que Calabbró iria a Brescia com o intuito de adquirir a substância entorpecente. Isso de fato ocorreu, sendo que no interior do hotel, Calabbró contatou com Jürgen, perguntando-lhe se possuía a droga. Em seguimento à resposta afirmativa, Calabbró deslocou-se ao quarto deste, que lhe mostrou uma mala contendo vinte quilogramas de cocaína. Após fazer um sinal de aprovação, foi preso.

Calabbró foi submetido a julgamento pelo Tribunal de Milão, que, entretanto, entendeu necessária a ouvida de Jürgen, que não foi encontrado. Tempo após, ele foi condenado a uma pena de quinze anos de prisão e trezentos milhões de liras italianas, a título de multa.

Em meio ao processamento dos recursos interpostos, o Tribunal da Relação de Milão entendeu absolutamente indispensável a ouvida de Jürgen, novamente não encontrado, sobrevindo, finalmente, sem a "inquirição indispensável", decisão de agravamento da pena imposta, que foi fixada em dezesseis anos e três meses de prisão, e multa de trezentos e cinquenta milhões de liras. Interposto recurso junto ao Tribunal de Cassação, este negou provimento à inconformidade manifestada, ao argumento de que o Tribunal da Relação de Milão tinha motivado de forma lógica e correta as questões controvertidas.

Foi, então, apresentada queixa junto ao Tribunal Europeu de Direitos do Homem. Invocou o requerente não ter tido a oportunidade de ouvir Jürgen, de não ter sido beneficiado de um processo equitativo na medida em que foi incitado a praticar um crime e de estar submetido a uma abusiva prisão preventiva. Em sua decisão, no que respeita à questão em análise, a Corte entendeu por não reconhecer a procedência dos argumentos veiculados na queixa. Em primeiro, embora reconhecendo que a prova, em regra, deve ser toda produzida perante o réu, em audiência pública e contraditória, salientaram que as declarações de Jürgen não constituíram o único meio de prova a embasar a sua condenação, não havendo demonstração de que as autoridades alemãs estariam ocultando o endereço para evitar a convocação. Tocante ao segundo argumento, entendeu-se que a intervenção em questão teria ocorrido sob a forma de agente infiltrado, o que não o teria privado de um processo equitativo.

3.2.2. A validade dos elementos coletados pelo agente infiltrado: uma construção da (suposta) conformidade constitucional

Entendemos que a adoção de quaisquer medidas de combate ao crime não pode perder de vista as garantias e os direitos fundamentais de qualquer indivíduo, que em todos os Estados de Direito tem como atributo a presunção de inocência e assegurados vários direitos fundamentais e garantias no âmbito do processo, que não podem ser objeto de flexibilização, sob pena de perda de sua "natureza fundamental".

Ingressando no tema da validade da prova colhida pelo agente infiltrado, é necessário, em especial neste tópico, tomar-se como pressuposto[34] o fato de que a generalidade da doutrina e da jurisprudência portuguesas – e mesmo lições trazidas por autores estrangeiros – a con-

---

[34] Ainda diante da ressalva de que se possa chegar a entendimento diverso à medida em que venhamos a evoluir na investigação – tal como, aliás, é desejável em um trabalho científico que se ocupa de um "campo aberto".

sideram como obtida em um procedimento conforme a Constituição e imune a qualquer vício legal bastante a eivá-la de qualquer impeditivo de produção e valoração.

Para demonstrar o que acabamos de dizer, sublinhamos que alguns autores, ao enfrentarem a matéria e defenderem a conformidade constitucional da prova coletada pelo agente infiltrado, chegam a sustentar que, por uma questão de política criminal, seria possível até mesmo admitir-se que viesse a cometer crimes para alcançar o seu objetivo. Apontam, exemplificativamente, para a hipótese de tráfico de entorpecentes, em que o legislador invariavelmente se confronta com a necessária opção entre "dois valores": a "moralidade e licitude dos meios que o Estado emprega na luta contra a criminalidade ou a eficácia dessa luta".[35] Tratar-se-ia, então, de aplicar em sua plenitude o princípio da proporcionalidade: estando-se diante de um conflito entre dois valores fundamentais, deve-se conferir preponderância a um deles, o segundo, que serve de substrato para legitimação das ações encobertas por parte do agente infiltrado.

Outros, de igual forma – ainda que admitindo que a atividade de infiltração provoca evidente flexibilização de certos direitos fundamentais –, admitem a conformidade constitucional do instituto, situando-o, entretanto, nos métodos de prova relativamente proibidos, e salientando que se constitui num "meio menos aplaudido de obtenção de provas", invariavelmente subordinado à presença dos requisitos da legalidade, da necessidade, da proporcionalidade e da não violação do núcleo central do direito.[36] A partir destas últimas considerações pode-se depreender a precariedade dos elementos colhidos pelo agente infiltrado, à qual é reconhecida, ao que percebemos, mesmo por aqueles que pretendem defender a constitucionalidade do procedimento previsto para as ações encobertas.

No âmbito jurisprudencial, os tribunais, embora com alguma relutância, têm aceitado a instituição do agente infiltrado com finalidades preventivas. A título ilustrativo, o Tribunal Constitucional, ao proferir o acórdão n° 578/98, em 14 de outubro, entendeu por admitir a produção e a valoração da prova colhida pelo agente infiltrado, de modo excepcional. No caso concreto, foi a mais alta Corte de Justiça instada a pronunciar-se sobre a constitucionalidade da aludida prova mesmo na ausência de um inquérito policial previamente aberto, admitindo-a, com o que expressou, assim, seu entendimento sobre a expressão "para fins

---

[35] EDWARDS, Carlos Enrique. *El arrepentido, el Agente Encubierto y la Entrega Vigilada*. Buenos Aires, 1996, p. 54. Ressalva-se, contudo, que este posicionamento foi defendido antes da alteração legislativa. A Constituição da República, entretanto, já era vigente.

[36] Por todos ver MEIREIS, Manuel Augusto Alves. *Op. cit.*, p. 171.

de inquérito", constante no n° 1 do art. 59° da Lei n° 15/93 (Lei da Droga). Na decisão, referiram os Conselheiros que a grande questão a ser avaliada para aferir a legitimidade (validade) da prova é a ocorrência, ou não, da indução, por parte do funcionário da investigação criminal, no sentido do cometimento do crime pelo suspeito – que sem esta indução não o praticaria. Somente se podem admitir, ao contrário, os elementos coletados pelo agente da investigação que restrinja sua atuação a ganhar a confiança do suspeito para melhor o observar, colhendo, assim, informações quanto às supostas atividades criminosas.

Já em decisão proferida no acórdão n°40/03.8TELSB.C.S1, de 28 de outubro de 2009, reconheceu o Supremo Tribunal de Justiça a admissibilidade das ações encobertas com base na legislação portuguesa. No transcorrer do voto, várias afirmações foram sendo feitas, seja com relação aos tipos que admitem a ação encoberta, seja com relação ao *modus operandi*. Em especial, ressaltaram os julgadores, por um lado, a isenção de responsabilidade do agente encoberto (art. 6°), e, por outro, a necessária elaboração, pela polícia judiciária, do relato da intervenção do agente encoberto, que deve ser remetido à autoridade judiciária competente (art. 3°, n° 6) – a respectiva juntada aos autos, entretanto, só será ordenada, se for reputada "absolutamente indispensável em termos probatórios" (art. 4°, n° 1). Esta última providência teria como justificativa, consoante proclamaram os julgadores, a óbvia proteção devida ao agente infiltrado. A partir do que foi decidido, decorre que a ação encoberta é realizada invariavelmente com o controle de uma autoridade judiciária. Ainda, a decisão que envolve o acesso do réu ao relato da ação encoberta, em virtude da sua juntada aos autos, deve ser reservada para situações excepcionais de necessidade de prova dos fatos da acusação ou da pronúncia, em atenção, pelo menos, ao entendimento sedimentado na decisão referida.

Por tudo, se grande parte da doutrina e da jurisprudência, ainda que com cautelas, admite a prova colhida por agente infiltrado, esta é teoricamente produzida ao abrigo dos princípios e regras processuais penais constitucionais, segundo um entendimento que pode ser dito predominante. Não obstante, em que pese os argumentos empregados para defender esta conformidade constitucional, pensamos que a questão não pode ser vista de uma forma tão simples. Externamos, pois, externar nossa discordância, ainda que reconhecendo as dificuldades estruturais de enfrentamento da criminalidade organizada e ainda o desafio de ter de enfrentar os argumentos sedimentados na doutrina e na jurisprudência. Reiteramos, todavia, que as circunstâncias levantadas não podem absolutamente funcionar como substrato para flexibilização dos direitos e garantias fundamentais dos indivíduos.

3.2.3. (Ainda sobre) a validade das provas coletadas pelo agente infiltrado: uma desconstrução da (suposta) conformidade constitucional a partir do princípio do contraditório

Vimos já como se desenvolvem as ações encobertas, tecendo considerações sobre sua iniciativa e cabimento, e igualmente acerca do agente infiltrado, seu modo de proceder e demais formalidades respectivas. Agora, todo este regramento, em especial as provas coletadas pelo agente infiltrado, deve ser analisado nos termos inicialmente propostos, para que se venha a verificar a sua eventual (in)conformidade constitucional por violação ao princípio do contraditório.

Iniciamos por dizer que o processo, em geral, consiste em um procedimento em contraditório,[37] de forma que quando a ele nos referimos devemos ter pressuposta a noção de que tratamos de um ritual em que estão aptos a participar todos aqueles que podem ser afetados pelo ato final, sempre observado o já referido contraditório e de modo que não haja ocultação de fatos.[38]

O processo, então, tem o contraditório como um de seus atributos, sendo pressuposta a dialética como forma de buscar a verdade por meio de oposição e conciliação de contradições. A Constituição portuguesa

---

[37] FAZZALARI, Elio. *Instituições de Direito Processual.* Tradução de Elaine Nassif. Campinas: Bookseller, 2006, p. 118-119. Diz ele: "Existe, em resumo, o 'processo' quando em uma ou mais fases do *iter* de formação de um ato é contemplada a participação não só – e obviamente – do seu autor, mas também dos destinatários dos seus efeitos, em contraditório, de modo que eles possam desenvolver atividades que o autor do ato deve determinar, e cujos resultados ele pode desatender, mas não ignorar. A referência à estrutura dialética como a *ratio distinguendi* permite superar anteriores tentativas de definir o 'processo' como aquele conceito segundo o qual existe processo quando exista, em ato ou potência, um conflito de interesses, e aquele segundo o qual existe processo toda vez que que participe da formação do ato um sujeito portador de um interesse distinto daquele interesse do autor do ato nos quais os interesses e as suas possíveis combinações são dados metajurídicos. O conflito de interesses (ou o modo de valorar um interesse) poderá constituir a razão pela qual a norma faz com que se desenvolva uma atividade mediante processo, mas no máximo se pode falar em processo enquanto se constatem *ex positivo jure*, a estrutura e o desenvolvimento dialético acima ilustrado. Na ausência de tal estrutura, é vão indagar acerca de um atual ou eventual conflito de interesses: onde é ausente o contraditório – isto é, onde inexista a possibilidade, prevista pela norma, de que ele se realize – não existe processo.

[38] Assim, o contraditório é algo intrínseco ao processo, integra a sua natureza, e dele não se pode apartar, de forma que é possível concordar com JOSÉ JOAQUIM GOMES CANOTILHO quando afirma que o direito à prova (e somente "verdadeira prova" existe quando produzida em observância estrita ao contraditório) é inerente ao processo, ou um postulado incontornável a uma "ordem jurídica justa". Cumpre ponderar que, pouco antes, ao tratar do "direito constitucional à prova", CANOTILHO critica uma apontada ausência de estudos por parte dos juspublicistas. Segundo afirma, "o direito constitucional à prova surge, na maior parte das vezes, ou dissolvido nos princípios de direito e processo penal constitucionalmente consagrados ('direito de defesa', 'direito ao contraditório', 'direito de intervenção no processo', proibição de provas ilícitas') ou associado ao direito ao direito e tutela jurisdicional." Assim, quando aborda o "direito constitucional à prova", revela a necessária observância do princípio do contraditório, dentre outros, de modo que prova somente é aquele elemento que foi passível de análise e potencial contestação direta pelas partes processuais (CANOTILHO, José Joaquim Gomes. *Estudos sobre direitos fundamentais.* Coimbra: Coimbra Editora, 2004, p. 170).

e as leis infraconstitucionais, destarte, quando o consagram nada mais fazem do que reconhecer algo que do processo não se pode dissociar, pois integra a sua natureza. Transitando especificamente no terreno do processo penal e, por assim dizer, das provas, exigir a observância plena do princípio em tela, em uma verdadeira "bilateralidade da audiência", nada mais significa senão almejar que tudo se desenvolva, de fato, a partir da observância do sistema do tipo acusatório,[39][40] vigente em Portugal. Percebamos, neste ponto, que a República portuguesa, a uma leitura do art. 2º da Lei Fundamental, constitui-se em um Estado de direito democrático fundamentado no respeito e na garantia de efetivação de direitos e liberdades fundamentais, dentre estes incluído o contraditório. Para além disso, há de realçar-se o disposto no art. 20°, nos 1 e 4,[41] que assegura o acesso à justiça para defesa de direitos e interesses legalmente protegidos e o direito a um processo equitativo, e no art. 32°, n° 5, o qual efetivamente institui o princípio constitucional do contraditório.

Deve-se perceber, entretanto, que tal princípio, em termos constitucionais, está (só) aparentemente assegurado tão somente à audiência de julgamento, omitindo os atos decisórios proferidos fora da apontada solenidade e relegando à lei ordinária a sua eventual previsão para os atos probatórios. Isto porque o legislador fez constar do Código de Processo Penal, no art. 61°, n° 1, *g*), o direito do réu a "intervir no inquérito e na instrução, oferecendo provas e requerendo e requerendo as diligências que se lhe afigurarem necessárias". Então, por força da apontada previsão Constituição da República Portuguesa, combinada com o disposto no Código de Processo Penal, assegura-se o contraditório não só aos atos

---

[39] Dos termos da legislação portuguesa em sentido amplo já decorre a conclusão de que se adota, em Portugal o sistema acusatório. De fato, como bem lembrado por JOSÉ ANTÓNIO MOURAZ LOPES, "a estrutura inequívoca, por imperativo constitucional, assumida em 1976 e não alterada nas sucessivas revisões da CRP, a que está submetido o processo penal assenta no princípio acusatório. É essa a afirmação impositiva estabelecida no art. 32, n°5, quando refere que o processo penal tem estrutura acusatória". (LOPES, José Antonio Mouraz. *A tutela da imparcialidade endoprocessual no processo penal português*. Coimbra: Coimbra Editora, 2005). E, como consequência, tão somente por esta circunstância, já teria o arguido o direito a ser assistido por um defensor, assegurado a ambos o direito de participar ativamente de todos os atos do processo, particularmente aqueles nos quais será produzida a prova. A respeito transcreve-se a lição de METELLO SCAPARONE: "Invece nel processo accusatorio: (...) b) l'imputato ha diritto di essere assistito da almeno un difensore, ed imputato e difensore hanno diritto di partecipare a tutti gli atti del processo, in particolare a quelli di acquisizione della prova." (SCAPARONE, Metello. *Elementi di procedura penale. I principi costituzionali*. Milano: Giuffre Editore, 1999)

[40] Consoante sustenta MANUEL MONTEIRO GUEDES VALENTE, "ao falarmos do processo de estrutura acusatória, cumpre-nos discretear e recortar a contraditoriedade como uma sua característica fundamental". (VALENTE, Manuel Monteiro Guedes. *Processo Penal. Tomo I*. Coimbra: Almedina, 2010, p. 123)

[41] A partir da leitura destes dispositivos constitucionais, defende JOSÉ DA COSTA PIMENTA que já aí encontra-se implicitamente previsto o princípio do contraditório, com o que concordamos, acrescentando o autor que isto vem a implicar, em suas palavras, "que no confronto do arguido não haja processos decisórios secretos". (PIMENTA, José da Costa. *Processo Penal. Sistema e Princípios. Tomo I*. Lisboa: Livraria Petrony-Editores, 2003, p. 264)

decisórios da audiência de julgamento, mas igualmente aos atos probatórios realizados a qualquer tempo,[42] em especial àqueles que possam funcionar decisivamente em desfavor do sujeito passivo.[43]

Certo, então, que vige o princípio do contraditório em sua plenitude. Mas o que vem ele a significar? Qual a sua definição e o seu conteúdo? Antes de uma busca nesse sentido, talvez seja importante lembrar que um princípio jurídico, em singela definição, consiste em uma norma jurídica que não se aplica, tal como as regras, na modalidade do tudo ou nada; ao contrário, possui uma dimensão de peso e importância a ser aferida conforme o caso que se tem de examinar.[44] Com isto pretendemos lembrar que quando existente uma colidência entre princípios é necessário que se faça um juízo de ponderação a fim de apurar qual deles deve prevalecer, anotando-se, contudo, que os direitos e garantias fundamentais em matéria penal não são passíveis de flexibilização.

Retomando a questão do contraditório, cremos, então, que pode ser definido – em oposição ao princípio inquisitório – como uma determinação para que a persecução criminal ocorra não só a partir dos argumentos da acusação, mas igualmente em face às contraposições oferecidas pelo réu e seu defensor.[45] Deve-se lembrar, por importante, que a observância do princípio em tela é necessária durante todo o transcorrer do processo, o que implica concluir acerca da impossibilidade de que nele se venha a adotar qualquer decisão que opere restrições aos direitos de uma pessoa sem que seja esta ouvida previamente.[46] O contraditório, assim,

---

[42] É possível, atualmente, perceber um considerável um alargamento do princípio do contraditório, possivelmente em virtude de uma assimilação efetiva sobre a essência do sistema acusatório, assegurando-se uma separação nas funções de acusar e julgar e buscando, ainda, uma igualdade material entre as partes processuais. Neste sentido, aliás, pronuncia-se CAVALEIRO DE FERREIRA: "Na actualidade, ou nos últimos decénios, os ensaios de reforma da legislação do processo penal incidem ainda e sobretudo sobre as garantias de defesa no processo penal e a situação do arguido como parte durante o processo. Quer dizer, revelou-se a tendência para assegurar a contraditoriedade em todas as fases do processo, enquanto indispensável para a garantia dos direitos fundamentais do arguido e eficácia de seus direitos de defesa desde o início do processo". (FERREIRA, Manuel Cavaleiro de. *Curso de Processo Penal*. Volume 1. Lisboa: Editora Danúbio, 1986, p. 25)

[43] Como assinalam JOSÉ JOAQUIM GOMES CANOTILHO e VITAL MOREIRA, "o arguido tem o direito a intervir no processo e contraditar todos os testemunhos, depoimentos e outros elementos de prova ou argumentos jurídicos trazidos ao processo, o que impõe designadamente que ele seja o último a intervir no processo". (CANOTILHO, José Joaquim Gomes e MOREIRA, Vital. *Constituição da República Portuguesa Anotada*. Coimbra: Coimbra Editora, 1993, p. 206)

[44] Ver a respeito artigo de LUÍS ROBERTO BARROSO (BARROSO, Luís Roberto. *A Dignidade da Pessoa Humana no Direito Constitucional Contemporâneo: Natureza Jurídica, Conteúdos Mínimos e Critérios de Aplicação*. Versão provisória para debate público. Mimeografado, 2010, p. 11), no qual trata a questão dos princípios, alicerçado em RONALD DWORKIN, em especial na obra *Taking rights seriously*, 1978, p. 22-28.

[45] Ver a respeito: VALENTE, Manuel Monteiro Guedes. *Processo Penal. Tomo I*. Coimbra: Almedina, 2010, p. 125.

[46] DIAS, Jorge de Figueiredo. *Direito Processual Penal*. Coimbra: Coimbra Editora, 1981, p. 151.

consiste em um fator de legitimidade da acusação,[47] atuando, em última análise, como substrato legitimador do próprio processo penal, pois é a partir do exercício deste direito (ou da concessão da oportunidade para tanto), com veiculação dos argumentos que contrapõem a imputação, que estará perfectibilizada a relação. É, em outros termos, um "método de confrontação" dos elementos de prova coletados para comprovação de uma verdade, num ritual pré-definido e com a atuação das partes em contraposição, sendo, outrossim, indispensável à existência da estrutura dialética do processo.[48]

Com base nisso, cumpre-nos questionar: onde e como teria sido observado o princípio do contraditório (e de seus consectários) no caso Calabbró c. Itália (examinada a hipótese a partir do Direito português)?

Em primeiro, devemos lembrar que o art. 3°, n° 1, do Regime Jurídico das Ações Encobertas impõe a observância da adequação e da razoabilidade, somente autorizado o recurso ao método extraordinário de obtenção da prova naquelas hipóteses em que não se puder buscar a verdade pelo uso das técnicas ordinárias de investigação. Ora, diante disso, se a única forma de desvendar os fatos seria mediante a utilização do agente infiltrado, como afirmar que no caso concreto haveria "outros meios de prova"? Lembre-se, quanto a isto, o constar do sumário da decisão, acima transcrito (nota 38), que "a condenação do requerente não se baseou de modo determinante nas declarações prestadas pelo agente infiltrado (que foram apenas um de vários elementos de prova que contribuíram para a decisão) ...". Ora, partindo-se desta afirmativa, ou seja, de que estes outros elementos de prova existiam, autorizados estamos a supor que o recurso ao agente infiltrado se traduziu em providência ilegal, pois não haveria necessidade de a ele recorrer-se.[49] Na verdade, se atentarmos à origem histórica do instituto perceberemos que somente foi criado na impossibilidade de prevenção e repressão de certos tipos de criminalidade por meio dos métodos ordinários de obtenção da prova. Decorre logicamente que na quase totalidade dos casos a prova coletada pelo agente infiltrado será a única existente no processo, já que pressuposta a impossibilidade de outros métodos de obtenção de prova efica-

---

[47] SENDRA, Vicente Gimeno. *Op. cit.*, p. 205.

[48] LOPES JUNIOR, Aury. *Direito Processual Penal e sua conformidade constitucional*. Vol. I. Rio de Janeiro: Lumen Juris, 2011, p. 188.

[49] Ou que estes outros "vários elementos de prova que contribuíram para a decisão", a um olhar diverso, seriam ilegais por decorrerem da prova coletada pelo agente infiltrado, partindo-se aqui de uma pressuposta ilegalidade deste método de obtenção da prova. Neste caso, cabe examinar-se se as "proibições de prova" são ou não dotadas de um efeito-à-distância, designado também por tele--efeito ou efeito remoto. A respeito importante a leitura do texto de Helena Morão (MORÃO, Helena. O efeito-à-distância das proibições de prova no direito processual penal português. *In: Revista Portuguesa de Ciências Criminais* n° 4 (2006), p. 576).

zes, o que bem mostra a indispensabilidade de que seja instado a prestar seu depoimento, de modo a ser questionado por ambas as partes.

Em segundo lugar, cumpre observar que a legislação portuguesa, "preservando" a identidade e a condição do agente infiltrado, estabelece que, em regra, sequer será juntado aos autos o depoimento e o relatório da autoridade policial. Tal juntada, com efeito, constitui exceção legal, de forma que o réu e sua defesa, no mais das vezes, não terão um acesso pleno às informações que conduziram à dedução de uma pretensão acusatória e a uma iminente condenação. Para piorar, a regra é no sentido de que o depoimento do agente infiltrado não será produzido na fase processual; sem embargo, no caso Calabbró c. Itália entendeu-se que seria indispensável a inquirição para a adequada reconstrução do fato. Fato óbvio, esta necessidade em ouvir o agente infiltrado era não somente dos julgadores, mas principalmente do réu e de seu defensor, os quais teriam de desconstruir as informações coletadas.

Uma outra questão delicada decorre da seguinte imposição legal: se o relatório da autoridade policial tiver sua juntada determinada, ou se sobrevier determinação para a produção do depoimento na fase processual, novamente a título excepcional, o agente infiltrado prestará o depoimento sob a identidade falsa, ou seja, jamais se saberá quem é a pessoa – sua identidade verdadeira – que efetivamente esteve próxima ao arguido e que contra ele está a depor. E, em decorrência, jamais será possível uma contraprova, possivelmente testemunhal, no sentido de que tal pessoa, por exemplo, nunca teria sido vista com o indivíduo em relação ao qual imputa-se a conduta criminosa.

Vistas tais questões, às quais por si só permitem suspeitar da validade das provas coletadas pelo agente infiltrado, há uma outra importante questão a considerar. No ponto, como consequência do princípio do contraditório (agir para contrapor) decorre logicamente a faculdade de não contraditar (o direito ao silêncio),[50] afigurando-se evidente que ao réu se deva deferir a possibilidade de não contraditar, abdicando do contraditório pessoal, reservando, por conseguinte, o exercício deste direito ao seu defensor. Tal direito que lhe assiste é uma decorrência própria do contraditório (que consiste em contrapor argumentos ou simplesmente optar pelo silêncio), a ele não se podendo impor, na investigação ou durante o processo, a obrigação de conceder sua versão sobre o(s) fato(s)

---

[50] Este direito ao silêncio, ou ausência de obrigação de colaborar (ou direito de não declarar), para além do Direito português, pode ser percebido em sistemas jurídicos de direito comparado, e mesmo em normas de direito internacional. Neste sentido, afirmam ERNST BELING, KAI AMBOS e ÓSCAR JULIÁN GUERRERO que o princípio segundo o qual o imputado não está obrigado a colaborar com a prova de sua suposta culpabilidade (*nemo tenetur se ipsum accusare*), estando tal garantia substanciada no art. 1 I, 20 III da Constituição da República da Alemanha, e igualmente no art. 6º da Convenção Europeia dos Direitos do Homem. (BELING. Ernst. AMBOS, Kai. GUERRERO, Óscar Julián. *Las prohibiciones probatórias*. Bogotá: Editorial Temis, 2009, p. 112).

imputado(s), sendo vedado ao julgador realizar qualquer presunção em decorrência do exercício deste direito de silenciar.[51]

No caso concreto, então, qual contraditório restou observado no momento em que colhidos, pelo agente infiltrado, os elementos que irão ulteriormente funcionar, em tese, em desfavor do arguido (e que não serão, em regra, reproduzidos)?[52] Em que momento restou salvaguardado o seu direito ao silêncio, ou ao contraditório negativo (ou ainda ao não contraditório pessoal), garantia que certamente lhe seria deferida em juízo e que lhe deveria ser salvaguardada igualmente na fase policial? A resposta é: pelo menos em um primeiro momento, no qual em contato com o agente infiltrado, ignorando a condição deste, revela-lhe todo o esquema da organização criminosa, não ocorre a salvaguarda da garantia processual que ora se examina. Não há contraditório sem conhecimento prévio da imputação, tampouco com ausência de um defensor qualificado. Mas, em tese, até podemos ir além. É que partindo-se do pressuposto de que a ação do agente infiltrado e os seus relatos, bem assim o relatório da autoridade policial, ocorrem na fase pré-processual, sem conhecimento do investigado, e que tudo isto não vem ao processo, em regra, qual o valor do silencio do réu diante de uma prova forte de tal forma que se prescinde de sua produção em juízo? Veja-se que se desconhecendo quem é o agente infiltrado, ignorando-se o teor de seus relatos, dentre outros fatores, fica quase inviável o exercício da ampla defesa a partir de um contraditório efetivo.

No mais, uma pesquisa nas decisões dos tribunais portugueses é bastante para verificar que, por violação ao contraditório, já foram anulados processos em virtude de, dentre outros motivos, (a) ausência de notificação de arguido preso, por ter sido enviada para sua morada;[53] (b) ausência de comparecimento do advogado do arguido;[54] (c) falta ou deficiência na gravação de depoimentos;[55] e (d) inexistência a de notificação do arguido para as sucessivas sessões de julgamento, por negligência do tribunal.[56] Ora, em um juízo de ponderação, tais vícios não podem ter sua gravidade equiparada a que se verificou no caso Calabbró c. Itália, ante a prova unilateral que foi, como invariavelmente o é, pelo agente infiltrado.

---

[51] AROCA, Juan Monteiro. *Principios del proceso penal. Una explicación baseada en la razón*. Valencia: Tirant lo Blanch, 1997, p. 156-157.

[52] Observar, a respeito, MESQUITA, Paulo Dá. *Processo Penal, Prova e Sistema Judiciário*. Coimbra: Coimbra Editora, 2010, p. 435, especialmente quando acentua, agora já na página 436, que a partir de uma opção por um sistema de garantias, o processo (em um sentido amplo, pelo menos), ou a persecução penal, inicia-se propriamente com a notícia-crime, portanto já aí há a necessidade de observância plena do princípio do contraditório.

[53] Tribunal da Relação de Coimbra – Acórdão n°522/01.6TACBR.C1, de 09 de fevereiro de 2011.

[54] Tribunal da Relação do Porto – Acórdão n°4765/06.8YXLSB.P1, de 04 de maio de 2010.

[55] Tribunal da Relação de Coimbra – Acórdão n°327/07.0GAPTL.G1, de 3 de maio de 2010.

[56] Supremo Tribunal de Justiça – Acórdão n°13515/04.2TDLSB.S1, de 07 de abril de 2010.

Este é mais um argumento no sentido de que efetivamente estamos diante de uma prova inválida, inidônea para o fim de justificar o início da persecução penal e, com maior razão, justificar a emissão de um juízo de censura penal.

Não se venha com o argumento utilitarista[57] de que em muitas hipóteses, em especial na alta criminalidade organizada, poderia ser difícil a obtenção da prova. Este não convence. De fato, o processo deve obedecer, tal qual qualquer outro instituto, aos princípios constitucionais que lhe são inerentes. Exceções somente podem ser abertas a partir do próprio texto expresso na Lei Fundamental, o que no caso não ocorre. Portanto, não concordamos com Roxin[58] quando – apesar de considerar reprovável a circunstância de o Estado "enganar" pessoas com intuito de obter informações que as incrimine – admite a utilização do método de obtenção da prova nas hipóteses de crime organizado. Pondere-se, neste sentido, que em Portugal, e igualmente em todos os países ditos democráticos, vige o princípio fundamental da dignidade da pessoa humana (Constituição Portuguesa, art. 1°), o qual está acima da perseguição ao suspeito da prática de um crime, enfim, do próprio combate à criminalidade.[59] Na verdade, a própria decisão proferida no caso Calabbró c. Itália, embora julgando inadmissível a queixa apresentada, confere especial importância ao princípio do contraditório, quando revela entendimento no sentido de que a prova, em um processo penal, deve ser toda produzida perante o réu, em audiência pública e contraditória,[60] [61] princípio

---

[57] Sobre utilitarismo examinar conhecida obra de STUART MILL, em especial páginas 49-76 (MILL, John Stuart. *Utilitarismo*. Lisboa: Gradiva, 2005).

[58] Na verdade, ROXIN, embora concluindo no sentido que expusemos, é vacilante no momento em que justifica a adoção do procedimento de investigação. Diz ele: "No hay duda de que esta situación es contraria a los principios de nuestro Derecho Procesal Penal. Mientras que un funcionario de policía, actuando en su función oficial no puede engañar a otra persona y debe instruir a cualquier sospechoso con respecto a su derecho a no declarar, ninguno de estos principios se aplicarían al mismo funcionario de policía que usando una falsa identidad aparece como una persona particular. Incluso, antes de que la nueva disposición fuera promulgada, nuestra jurisprudencia había justificado tal práctica afirmando simplemente que ésta era la única vía para luchar contra el crimen organizado. Esto significa que la necesidad del descubrimiento de la verdad en la investigación de hechos punibles es usada para inferir que las vías y sentidos empleados para tales propósitos son admisibles (en otras palabras, el fin justifica los medios) a la luz de estrictas categorías legales, esta conclusión es, en efecto, altamente cuestionable. Los limites que trae de la norma de la nueva ley son evidencia del hecho de que el legislador todavía no tiene una consciencia clara sobre el problema. Recapitulando, debemos reconocer que aunque el Estado no puede engañar a ninguna persona a fin de obtener información autoincriminatoria, esta prohibición ha sido excluida parcialmente en tanto se trate del crimen organizado (in" *Pasado, presente y futuro del Derecho Procesal Penal*. Santa Fé: Rubinzal-Culzoni Editores, 2007, p. 100-101).

[59] SILVA, Germano Marques. *Produção e valoração da prova em processo penal*. Revista do Centro de Estudos Judiciários do Ministério da Justiça, Lisboa, n° 4 (1° semestre de 2006), p. 43.

[60] A sexta emenda à Constituição dos Estados Unidos da América estabelece que "em todo processo penal o acusado usufruirá o direito de ter um julgamento público e célere, por um júri imparcial do estado ou circuito federal, previamente competente pela lei e ser informado sobre a natureza e causa

que contempla exceções às quais não podem, entretanto, sacrificar o direito de defesa. Então, ainda que na decisão conste uma admissão quanto a exceções relativas à presença do réu, tem-se a ressalva de que tal jamais poderá funcionar como substrato de sacrifício do direito – ou princípio – de que ora estamos a falar, daí a conclusão pela invalidade dos elementos na hipótese declarada.

4. Uma conclusão

O processo penal, por seu caráter instrumental, está subordinado à observância plena de determinados princípios e normas, as denominadas regras do jogo[62] previstas, em geral, na Lei Fundamental do Estado. Com isto se está a dizer que para a consecução dos fins do processo penal não se pode agir "de qualquer modo", com desprezo dos princípios e regras jurídicas legitimamente instituídas para atuação em meio a um processo. As partes processuais e os demais atores do ritual da persecução criminal (autoridade judiciária e polícia judiciária) devem adotar uma postura condizente com princípios e regras predefinidos, sempre com a finalidade de que se preserve o processo justo.

Não se ignoram as dificuldades que se podem encontrar na atividade diária de investigação e busca de elementos tendentes à reconstrução do fato criminoso. Apontar soluções para tais dificuldades, contudo, não constitui o objeto deste trabalho,[63] que somente tem por escopo evidenciar porque não se podem ter por válidas as provas (ou elementos) coletadas pelo denominado agente infiltrado. E, para nós, o principal argumento para deslegitimar (ou invalidar) as provas coletadas pelo agente infiltrado seria a inafastável violação ao contraditório e seus consectários, nos termos postos no decorrer deste trabalho (sem prejuízo de possível violação de outros princípios, dos quais aqui não nos ocupamos). Trata-se de uma "testemunha sem rosto", impregnada de interesse no "sucesso" da *sua* investigação – e que, portanto, "dá as cartas" a partir de um interesse próprio –, o que não podem ser admitido num Estado de Direito democrático.

---

da acusação; bem como de contrariar as provas contra si e ter possibilidade de produzir provas a seu favor e obter assistência de advogado em sua defesa".

[61] Recentemente, a Suprema Corte decidiu, no caso Davis v. Washington, com base na sexta emenda, que o acusado em um processo penal possui o direito a defrontar-se com os testemunhos que lhe sejam desfavoráveis.

[62] CALAMANDREI, Piero. *Il processo come gioco. "In" Rivista di Diritto Processuale", V. 5 – parte I.* Padova, 1950, p. 221.

[63] Não poderíamos fazê-lo mediante um simples apontamento de pretensas soluções, sem explicar detidamente se e como uma ou outra providência que pudesse ser adotada funcionaria como um fato de aprimoramento de atividade investigatória. Isto se traduziria em um nada dizer.

Fica clara a lição de que todo poder deve ser controlado, sob pena de se tornar abusivo. A defesa social sem limites é arma poderosa, que investe ardilosamente contra a segurança individual.

Verificou-se, no caso "Guilford Four", que o procedimento inquisitório (secreto para a defesa, sem contraditório e sem participação da defesa na produção das provas) foi insuficiente para garantir a verdade, sendo frontalmente desrespeitoso com os direitos individuais. Mostrou-se, de igual forma, que o procedimento acusatório, puro, utilizado no julgamento (com liberdade para acusar, contraditório e passividade do juiz perante as provas que se lhe apresentam) falhou na tarefa de fazer aparecer a inocência, pois a prova da defesa se encontrava nas mãos da polícia. A desigualdade de forças entre a pessoa física coartada e as instituições, com seu enorme aparato, é elemento a se considerar quando se propugna pela igualdade de armas no processo penal. Daí a necessidade de que intervenha um juiz forte, atuante também para buscar esclarecimento próprio, não só sobre os fatos, mas também sobre os métodos utilizados na formação da prova.

Portanto, tudo visto, admitir tal método de obtenção da prova (e o próprio meio de prova) traz um lastro de ampla deslealdade, pondo em causa a dignidade, a cultura jurídica e a legitimação do processo penal. Note-se, neste aspecto, que ao abrigo do art. 126 do Código de Processo Penal podem estar todos os atos que atentem contra a dignidade humana, a liberdade de decisão ou a integridade física ou moral das pessoas. Assim, a prova estaria vedada sempre que sua valoração como um elemento formador da convicção do julgador estiver a afrontar o espírito do preceito ou a frustrar o seu programa de tutela.[64] Tudo isto porque o dispositivo legal em análise não parece conter uma enumeração taxativa. De se notar, ainda, que se mostra extremamente difícil ao Estado justificar invariavelmente a legitimidade deste tipo de atuação, argumentando que não é sempre que o interesse (do Estado) no esclarecimento de crimes irá conferir licitude às condutas típicas praticadas na produção ou valoração das provas.[65]

Observe-se, neste aspecto, transitando no terreno da política criminal, que o processo somente tem sua existência enquanto fundamento de limitação do poder de punir estatal em um contexto de uma sociedade civilizada, daí decorrendo a conclusão de que não deverá ele acarretar consequências desarrazoadas, catastróficas, sendo certo, outrossim, que

---

[64] ANDRADE, Manuel da Costa. *Sobre as Proibições da Prova em Processo Penal*. Coimbra, 1992, p. 213-216.
[65] ANDRADE, Manuel da Costa. *Op. cit*, p. 14-15.

os fins jamais podem justificar os meios.[66] Em outras palavras, o Estado não pode, a pretexto de uma justificativa baseada em um critério de (aparente) proporcionalidade, adotar medidas atentatórias de uma dignidade mínima do ser humano. Desnecessário pagar este preço.[67] Na mesma linha de argumentação, não se pode aceitar uma burla dos direitos e garantias fundamentais com o objetivo de criar uma ilusão de que a repressão a todo custo conterá o avanço da criminalidade, a qual os meios de comunicação de massa se encarregam de introjetar na consciência da população como sendo o problema mais grave da sociedade contemporânea.[68] Ainda que o fosse, hipótese meramente argumentativa, é induvidoso que eventual mitigação dos índices de criminalidade se conquista com o avanço nas políticas públicas pertinentes a serem adotadas por um Estado social, que concedam aos indivíduos condições mínimas de uma existência digna, e não com a adoção de um Direito Penal máximo.

Assim, conclui-se mesmo complicado que o ente público, a pretexto de garantir a aplicação da lei, venha a adotar procedimentos em desconformidade com esta mesma lei cuja observância visa salvaguardar. Por supormos pertinente, com intuito de justificar nosso posicionamento, entendemos indispensável colacionar o quando registrado no corpo do acórdão exarado no processo nº 835/98, pela 3ª Secção do Tribunal Constitucional, com relatoria do Conselheiro Messias Bento, sendo a decisão proferida em 14 de outubro de 1998. Na oportunidade, foi dito pela mais alta Corte de Justiça portuguesa que "existe um dever ético e jurídico de procurar a verdade material. Mas existe também um outro dever ético e jurídico que leva a excluir a possibilidade de empregar certos meios na investigação criminal. A verdade material não pode conseguir-se a qualquer preço: há limites decorrentes do dever de respeito pela integridade moral e física das pessoas; há limites impostos pela inviolabilidade da vida privada, do domicílio, da correspondência e das telecomunicações, que só nas condições previstas na lei podem ser transpostos. E existem também regras de lealdade que têm que ser observadas. Dispõe, a propósito, o artigo 32º, nº 8, da Constituição que são nulas todas as provas obtidas mediante tortura, coação, ofensa da integridade física ou moral

---

[66] CANTERJI, Rafael Braude e GERBER, Daniel. Prisões Cautelares: entre a necessidade e a possibilidade. *In: Boletim do Instituto Brasileiro de Ciências Criminais*, ano 15, nº 175, Junho/2007, p. 09.10.

[67] Como disse HASSEMER, a institucionalização do discurso punitivo dos defensores do *Law and Order* pressupõe que "se criem tipos penais novos, apesar dos existentes serem suficientes; que se elevem as penas ao máximo, apesar de que todos, que sejam bem informados, saibam que não comportam efeito especial algum; que se suprimam, em geral os direitos dos detidos e processados, apesar de que somente se queira afetar a um reduzido número de suspeitos; que se introduzam leis especiais para os terroristas e medidas especiais que oferecem sérias reservas de constitucionalidade". (ver, a respeito, FRANCO, Alberto Silva. *Crimes hediondos: notas sobre a Lei nº8.072/90*. São Paulo: Editora Revista dos Tribunais, 1994, p. 39).

[68] KARAM , Maria Lúcia. *Dos crimes, penas e fantasias*. Niterói: Luan. 1993, p. 198.

da pessoa, abusiva intromissão na vida privada, no domicílio, na correspondência ou nas telecomunicações. E o artigo 34°, n° 4, da mesma Lei Fundamental precisa que é proibida toda a ingerência das autoridades públicas na correspondência, nas telecomunicações e nos demais meios de comunicação, salvo os caso previstos na lei em matéria de processo penal.

Referências

ANDRADE, Manuel da Costa. *Sobre as Proibições da Prova em Processo Penal*. Coimbra: Coimbra Editora, 1992.

ARAZI, Roland. *Prueba ilícita y prueba científica*. Buenos Aires: Rubinzal – Culzoni Editores, 2008.

AROCA, Juan Monteiro. *Principios del processo penal*. Una explicación baseada en la razón. Valencia: Tirant lo Blanch, 1997.

BARROSO, Luís Roberto. *A Dignidade da Pessoa Humana no Direito Constitucional Contemporâneo:* Natureza Jurídica, Conteúdos Mínimos e Critérios de Aplicação. Versão provisória para debate público. Mimeografado, 2010.

BELING, Ernst. AMBOS, Kai. GUERRERO, Óscar Julián. *Las prohibiciones probatórias.* Bogotá: Editorial Temis, 2009.

CALAMANDREI, Piero. Il processo come gioco. *In: Rivista de Diritto Processuale*, V. 5 – parte I. Padova, 1950.

CANOTILHO, José Joaquim Gomes. *Direito Constitucional e Teoria da Constituição.* 7ª ed. Coimbra: Almedina.

——. *Estudos sobre direitos fundamentais.* Coimbra: Coimbra Editora, 2004.

——; MOREIRA, Vital. *Constituição da República Portuguesa Anotada.* Coimbra: Coimbra Editora, 1993.

CANTERJI, Rafael Braude; GERBER, Daniel. Prisões Cautelares: entre a necessidade e a possibilidade. *In: Boletim do Instituto Brasileiro de Ciências Criminais*, ano 15, n° 175, Junho/2007.

CORREIA, João Conde. *Contributo para a análise da inexistência e das nulidades processuais penais.* Coimbra: Coimbra Editora, 1999.

DIAS, Jorge de Figueiredo. *Direito Processual Penal.* Coimbra: Coimbra Editora, 2004.

DÍEZ-PICAZO, Luis María. *Sistema de Derechos Fundamentales.* Madrid: Thomson Civitas, 2003.

EDWARDS, Carlos Enrique. *El arrepentido, el Agente Encubierto y la Entrega Vigilada.* Buenos Aires: Editora Ad-Hoc, 1996.

FAZZALARI, Elio. *Instituições de Direito Processual.* Tradução de Elaine Nassif. Campinas: Bookseller, 2006.

FELDENS, Luciano. *Direitos Fundamentais e Processo Penal.* Porto Alegre: Livraria do Advogado, 2008.

FERREIRA, Manuel Cavaleiro de. *Curso de Processo Penal.* Volume 1. Lisboa: Editora Danúbio, 1986.

FRANCO, Alberto Silva. *Crimes hediondos: notas sobre a Lei n° 8.072/90.* São Paulo: Editora Revista dos Tribunais, 1994.

GASPAR, António Henrique. Tribunal Europeu dos Direitos do Homem. Decisão sobre a admissibilidade da queixa n° 59.895/00 apresentada por Giuseppe Calabbró contra a Itália e a Alemanha. *In: Revista Portuguesa de Ciência Criminal*. Ano 13, n° 1. Janeiro-Março 2003, p. 107-121.

GOLDSCHMIDT, James. *Problemas Jurídicos y Políticos del Processo Penal*. Barcelona: Bosch, 1935.

GONÇALVES, Fernando. ALVES, Manuel João. VALENTE, Manoel Monteiro Guedes. *Lei e Crime – o Agente Infiltrado Versus o Agente Provocador – Os Princípios do Processo Penal*. Coimbra: Coimbra Editora, 2001.

GONÇALVES, Fernando; ALVES, Manuel João; VALENTE, Manoel Monteiro Guedes. *O novo regime jurídico do agente infiltrado*. Coimbra: Almedina, 2001.

JESUS, Francisco Marcolino de. *Os meios de obtenção da prova em processo penal*. Coimbra: Almedina, 2011.

KARAM , Maria Lúcia. *Dos crimes, penas e fantasias*. Niterói: Luan. 1993.

LOPES, José Antonio Mouraz. *A tutela da imparcialidade endoprocessual no processo penal português*. Coimbra: Coimbra Editora, 2005.

LOPES JUNIOR, Aury. *Direito Processual Penal e sua conformidade constitucional*. Vol. I. Rio de Janeiro: Lúmen Juris, 2011.

LOUREIRO, Joaquim. *Agente Infiltrado? Agente provocador!* Coimbra: Almedina, 2007.

LOURENÇO MARTINS. *Droga e direito* – Legislação, jurisprudência, direito comparado, comentários. Coimbra: Coimbra Editora, 1994.

MEIREIS, Manuel Augusto Alves. *O regime das provas obtidas pelo agente provocador em processo penal*. Coimbra: Almedina, 1999.

MENDES, Paulo de Sousa. *As proibições de prova no processo penal. In: AA. VV. Jornada de Direito Processual Penal e Direitos Fundamentais*. (coord.). Maria Fernanda Palma. Coimbra: Almedina, 2004, p. 133 e ss.

MESQUITA, Paulo Dá. *A prova do crime e o que se disse antes do julgamento*. Estudo sobre a prova no processo penal português, à luz do sistema norte-americano. Coimbra: Coimbra Editora, 2011.

——. *Processo Penal, Prova e Sistema Judiciário*. Coimbra: Coimbra Editora, 2010.

MILL, John Stuart. *Utilitarismo*. Lisboa: Gradiva, 2005.

MIRANDA, Jorge e MEDEIROS, Rui. *Constituição Portuguesa Anotada*. Tomo I. Coimbra: Coimbra Editora, 2005.

MONTE, Mário Ferreira. Anotação ao Relatório da Comissão Européia dos Direitos do Homem, processo n° 25.829/94, Francisco Teixeira de Castro contra Portugal". *In: Scientia Jurídica – Revista de Direito Comparado Português e Brasileiro*, Tomo XLVI. Universidade de Minho, 1997.

MORÃO, Helena. O efeito-à-distância das proibições de prova no direito processual penal português. *In: Revista Portuguesa de Ciências Criminais* n° 4 (2006), p. 575 e seguintes.

ONETO, Isabel. *O agente infiltrado*. Contributo para a compreensão do regime jurídico das acções encobertas. Coimbra: Coimbra Editora, 2005.

PEREIRA, Sandra. A recolha da prova por agente infiltrado – Estudo sobre a teoria das garantias de defesa em processo penal. *In: Prova Criminal e o direito de defesa*. (Coords.). Teresa Pizarro Beleza e Frederico de Lacerda da Costa Pinto. Coimbra: Almedina, 2010, p. 137-159.

PIMENTA, José da Costa. *Processo Penal. Sistema e Princípios. Tomo I*. Lisboa: Livraria Petrony-Editores, 2003.

PIRES, Maria José Morais. Execução dos Acórdãos do Tribunal Europeu dos Direitos do Homem – *O protocolo n° 14 à Convenção Europeia dos Direitos do Homem*. Separata de

Homenagem ao Prof. Doutor André Gonçalves Pereira. Coimbra: Coimbra Editora, Edição da Faculdade de Direito da Universidade de Lisboa, 2006.

RODRIGUES, Benjamim Silva . *Da prova penal. Tomo II.* Rei dos Livros: 2010.

ROXIN, Claus. *Derecho Procesal Penal.* Tradução de Daniel Pastor y Gabriela Córdoba. Buenos Aires: Del Puerto, 2000.

——. *Pasado, presente y futuro del Derecho Procesal Penal.* Tradução de Óscar Julián Guerrero Peralta. Santa Fé: Rubinzal-Culzoni Editores, 2007.

——; TIEDEMANN, Klaus; GUNTHER, Arzt. *Introducción al Derecho Penal y al Derecho Penal Procesal.* Tradução de Gómez Colomer y Arroyo Zapatero. Barcelona: Ariel, 1989.

SÁNCHEZ, Juan Muñoz. *La moderna problemática jurídico-penal del agente provocador.* Valência: Tirant lo Blanch, 1995.

SANTOS, José Beleza dos. *Alguns aspectos jurídicos na provocação no direito criminal português.* R. L. J., ano 90, n° 3098, p. 67 e seguintes, e n° 3099, p. 83 e seguintes.

SCAPARONE, Metello. *Elementi di procedura penale.* I principi costituzionali. Milano: Giuffre Editore, 1999.

SENDRA, Vicente Gimeno. *Derecho Procesal Penal.* Madrid: Editorial Colex, 2004.

SERRANO, Nicolas Gonzalez-Cuellar. *Proporcionalidad y Derechos Fundamentales en el Processo Penal.* Madrid: Editorial COLEX, 1990.

SILVA, Germano Marques. Bufos, infiltrados, provocadores e arrependidos. *Direito e Justiça,* Volume VIII, Tomo 2, 1994.

——. Produção e valoração da prova em processo penal. *Revista do Centro de Estudos Judiciários do Ministério da Justiça,* Lisboa, n° 4 (1° semestre de 2006), p. 37-53.

SOUZA, João Ramos de. *Lexico, Sub Judice,* n° 4, 1992.

TRIBUNAL EUROPEU DOS DIREITOS DO HOMEM. Decisão sobre a admissibilidade : da queixa n° 59895/00 apresentada por Giuseppe Calabrò contra a Itália e a Alemanha / [anotação de] António Henriques Gaspar. *In: Revista portuguesa de ciência criminal.* Coimbra, a. 13, n. 1 (Jan.-Mar.2003), p. 107-121 (a anotação tem o título "O agente infiltrado e o agente provocador").

VALENTE, Manuel Monteiro Guedes. *Processo Penal. Tomo I.* Coimbra: Almedina, 2010.

——. *Regime Jurídico da Investigação Criminal.* Coimbra: Almedina, 2004.

— 7 —

Constituição, Direito Penal e jurisdição internacional

MARIANA PY MUNIZ CAPPELLARI[1]

Sumário: 1. Considerações iniciais; 2. Direitos Humanos *versus* Direitos Fundamentais: implicações no âmbito do Direito Penal; 3. Da jurisdição internacional: o sistema interamericano de proteção dos Direitos Humanos; 4. Da visão da Corte Interamericana de Direitos Humanos em matéria de privação da liberdade; 5. Da falácia dos discursos jurídicos de justificação da pena diante da execução criminal da pena privativa de liberdade no Brasil; 6. Considerações finais; 7. Referências bibliográficas.

1. Considerações iniciais

Não se desconhece que, posteriormente ao advento da Segunda Guerra Mundial, se operou uma revolução no constitucionalismo dos Estados, inclusive, no que diz com a constitucionalização dos direitos humanos, haja vista, a contento, à estruturação dos sistemas global e regionais de proteção destes mesmos direitos.

No âmbito brasileiro, tal verificou-se com o advento da Constituição Federal de 1988, que, embora saudada por muitos e criticada por outros, tutelou, de forma literal, em seu bojo, diversos direitos e garantias, os quais correspondem a direitos consagrados em documentos internacionais, intitulados como humanos.

Tal medida, posteriormente e conjuntamente com a ratificação pelo Estado Brasileiro de diversos documentos internacionais de proteção dos direitos humanos, mormente a Convenção Americana, atrelada ao reconhecimento da jurisdição empreendida pela Corte Interamericana de Direitos Humanos, representou um novo olhar e uma proposta de nova

---

[1] Mestre em Ciências Criminais pela PUCRS (2013). Especialista em Ciências Penais pela PUCRS (2010). Especialista em Direito Privado pela UNISINOS (2004). Defensora Pública do Estado do Rio Grande do Sul. Professora da Fundação Escola Superior da Defensoria Pública – FESDEP.

leitura dos demais ramos do direito, falando-se, assim, da chamada constitucionalização.

Consequentemente, e, mormente no interior do Direito Penal, levando-se em conta a data da edição do Código legal, embora constantes reformas pontuais, tal leitura torna-se de suma importância, a fim de que se possam conciliar os ditames infralegais aos valores e aos ideais estruturados na Carta maior, condizentes estes com a instauração de um Estado Democrático de Direito.

Dessa maneira, revela-se primordial a análise da implicação dos direitos humanos e fundamentais no âmbito do Direito Penal, o que pretendemos fazer, na sequência. Inclusive e com o intuito, já delimitando, por ora, a abrangência do abordado, no que diz especificamente com o Sistema Interamericano de Proteção dos Direitos Humanos, já que regionalmente estabelecido, mais condizente com a nossa realidade geográfica, portanto, sem, no entanto, se desprezar a importância do Sistema Global de Proteção dos Direitos Humanos, formado no interior da Organização das Nações Unidas – ONU.

Tal balizamento tem por intenção trazer a lume a visão da Corte Interamericana de Direitos Humanos em matéria de privação de liberdade, mormente para que possamos chegar à falácia dos discursos jurídicos de justificação da pena diante a execução criminal da pena privativa de liberdade no Brasil, tendo por norte Representação encaminhada à Comissão Interamericana de Direitos Humanos – Caso Presídio Central de Porto Alegre, a qual radiografa a situação do sistema prisional gaúcho e brasileiro, por evidência.

A temática Constituição, Direito Penal e Jurisdição Internacional, quanto mais na esfera da pena, é de suma importância, na medida em que nos convoca a refletir sobre o porquê de passados mais de 25 anos da promulgação da Constituição Federal e de 21 anos de aderência à Convenção Americana sobre Direitos Humanos, ainda não se consegue lograr êxito na efetivação dos mais comezinhos direitos do cidadão, quanto mais daquele submetido a um regime de restrição de liberdade.

Parece necessário e premente, portanto, o desvelamento destes discursos que não comportam, de maneira alguma, compatibilização na atualidade, a fim de que possamos delimitar qual pauta e qual caminho atentaremos seguir, com o intuito de sempre se promover e assegurar a vida humana, através da priorização da pessoa e da sua dignidade, conforme bem assenta Zaffaroni.[2]

---

[2] Cf. ZAFFARONI, Eugenio Raúl. *Em busca das penas perdidas.* Rio de Janeiro: Revan, 1991.

2. Direitos Humanos *versus* Direitos Fundamentais: implicações no âmbito do Direito Penal

Em se reconhecendo o Direito Penal, na esteira do que doutrina Zaffaroni e Batista, como "o ramo do saber jurídico que, mediante a interpretação das leis penais, propõe aos juízes um sistema orientador de decisões que contém e reduz o poder punitivo, para impulsionar o progresso do estado constitucional de direito",[3] não há como evidentemente dissociá-lo do Direito Constitucional e do Direito Internacional dos Direitos Humanos, assim como do que se tratou de conceituar como Direitos Fundamentais e Humanos.

Agora, no entanto, tendo por norte a visão empreendida por Zaffaroni e Pierangeli,[4] tem-se que a relação do Direito Penal com o Direito Constitucional deve ser sempre muito estreita, pois a Constituição traduz a primeira manifestação legal da política penal, dentro de cujo âmbito deve enquadrar-se a legislação penal propriamente dita, em face do princípio da supremacia constitucional.

Ainda, na esteira dos autores, tem-se que as principais diretrizes da política criminal constitucional são: o princípio republicano ou democrático; o princípio da legalidade; o princípio da retroatividade da lei penal mais benigna; o princípio da personalidade ou da transcendência da pena; os princípios de racionalidade e de humanidade da pena; o princípio da individualização da pena; para além da competência da União para elaborar com exclusividade a legislação penal.

Nesse sentido, também, a Declaração Universal dos Direitos do Homem de 1948, os Pactos das Nações Unidas e a Convenção Americana sobre Direitos Humanos, alguns exemplos; documentos que segundo os autores referidos, traduzem-se numa baliza jurídica positiva que serve de referência a qualquer interpretação que se faça do direito penal positivo interno, que não poderia entrar em contradição com eles, na medida em que estes documentos vão configurando o limite positivo do que a consciência jurídica universal pretende impor às ideologias que regem o controle social em todas as nações.

Tanto isso é verdade que se podem citar os seguintes aspectos mais relevantes, em que os Direitos Humanos se constituem em fonte do conhecimento do direito nacional: o princípio da igualdade de todos perante a lei e a dignidade da pessoa de todo ser humano; o direito à vida, à segurança pessoal e à liberdade; o princípio da legalidade; o princípio da

---

[3] ZAFFARONI, Eugenio Raúl; BATISTA, Nilo. *Direito Penal Brasileiro – I*. 4ª ed. Rio de Janeiro: Revan, 2013, p. 40.

[4] ZAFFARONI, Eugenio Raúl; PIERANGELI, José Henrique. *Manual de Direito Penal Brasileiro. v. 1. Parte Geral*. 6ª ed. São Paulo: Revista dos Tribunais, 2006.

humanidade e o direito à privacidade ou à intimidade, como limitação ao poder do Estado e também das pessoas.[5]

Daí é que exsurge a consideração de que a evolução do constitucionalismo moderno conduziu a um entrelaçamento entre os valores constitucionais e internacionais e o conteúdo do Direito Penal, através da constitucionalização desse último, embora tal medida se mantenha em constante tensão.[6]

Isso porque não se desconhece a discussão de fundo operada na assertiva de tratar-se a Constituição o fundamento e/ou o limite do Direito Penal. Pois, segundo Feldens, o Direito Penal não desfruta de existência autônoma em face da Constituição, senão que tem por ela definidos tantos os limites quanto os fundamentos de sua estruturação.[7]

Ocorre que, conforme bem pontua Carvalho, é possível perceber que a expansão do Direito Penal, fenômeno assente na contemporaneidade, com a inerente deformação da sua matriz de garantias, segundo o autor, é incorporada pelas Constituições atuais, as quais positivam direitos transindividuais e determinam que a sua tutela se dê muitas vezes através da sanção criminal.[8] Percebe-se, nesse sentido, que a Constituição Federal de 1988, para além de reproduzir os tradicionais princípios de direito penal e processual penal, também adere ao projeto expansionista, vide como um exemplo a Lei dos Crimes Hediondos.

Daí, portanto, o perigo de se fundamentar uma Constituição Penal criminalizadora e punitiva. Não sem razão, portanto, Costa se vale em sua obra da tese de doutorado de Janaína Paschoal, a qual concluiu que a Constituição somente pode ser tida como limite ao direito penal e não fundamento, ante a natureza fragmentária e subsidiária deste último, razão pela qual inexistiriam instrumentos jurídicos que obrigassem o legislador a incriminar qualquer comportamento (nesse âmbito inserem-se os chamados mandados de criminalização, sejam eles expressos ou implícitos); a tutela de eventual omissão legislativa incriminadora pelo judiciário representaria uma violação do princípio da legalidade e do princípio da separação dos poderes; o mandado de injunção não poderia ser utilizado para incriminar condutas, em razão da sua natureza e da sua incompatibilidade com a limitação de direitos; seria descabida a ação de inconstitucionalidade por omissão, ante a ausência da possibilidade

---

[5] ZAFFARONI, Eugenio Raúl; PIERANGELI, José Henrique. *Manual de Direito Penal Brasileiro. V. 1. Parte Geral.* 6ª ed. São Paulo: Revista dos Tribunais, 2006.

[6] GOMES, Luiz Flávio (Coord.). *Direito Penal. V.1. Introdução e princípios fundamentais.* São Paulo: Revista dos Tribunais, 2007, p. 48.

[7] FELDENS, Luciano. *Direitos Fundamentais e Direito Penal. A Constituição Penal.* 2ª ed. Porto Alegre: Livraria do Advogado, 2012.

[8] CARVALHO, Salo de. *Penas e Medidas de Segurança no Direito Penal Brasileiro.* São Paulo: Saraiva, 2013.

de verificação da necessidade legislativa, e, ainda, não haveria inconstitucionalidade em uma lei descriminalizadora de comportamentos constitucionalmente indicados.[9]

E é nesse sentido, portanto, que resgatamos a conceituação empreendida por Zaffaroni e Batista acima referida, pois, não há como não pensar a relação entre Direito Penal, Constituição, Direitos Humanos e Fundamentais senão como limite ao constante expansionismo do poder punitivo.

Veja-se que Zaffaroni nos demonstra claramente ao analisar o inimigo no direito penal que este cultivou as sementes do Estado absoluto, razão pela qual que o escândalo constitui a contradição quase constante entre a doutrina jurídico-penal e o princípio do Estado de Direito, que deve ser o ideal buscado na dialética que opera no interior de todo o Estado de Direito real ou histórico com o Estado de polícia.[10]

Dessa forma é que os Direitos Humanos e Fundamentais devem ser instrumentalizados com o intuito de implicar no âmbito do Direito Penal uma constante contenção do exercício desmedido e desmesurado do poder punitivo. Valendo, então, conceituá-los nesse contexto, mesmo sabendo-se da redução da sua dimensão ao se estabelecer um conceito, mas, sim, na virtude de conferir conformidade a nossa leitura.

Em sendo assim, não se desconhece a forte vinculação existente entre Direitos Humanos, Direitos do Homem e Direitos Naturais,[11] entretanto, não se pretende ingressar nessa seara, o que demandaria maior pesquisa, não condizente com o presente, embora não se despreze tão imponente tema. Entretanto, na espécie, e, considerando a historicidade dos direitos humanos,[12] destacaremos a chamada concepção contemporânea destes direitos, a qual veio a ser introduzida pela Declaração Universal dos Direitos Humanos de 1948, fruto da ONU – Organização das Nações Unidas.[13]

Tal se impõe, pois foi o fenômeno da 2ª Guerra Mundial, com razão, haja vista as atrocidades operadas em detrimento da pessoa humana, por parte dos regimes totalitários que então vigiam (mormente o nazismo), que obrigou ao mundo a construção do que, contudo, chamamos atualmente de Direitos Humanos, conforme já havíamos referido.

---

[9] COSTA, Leonardo Luiz de Figueiredo. *Limites Constitucionais do Direito Penal*. Rio de Janeiro: Lumen Juris, 2007, p. 45-46.

[10] ZAFFARONI, Eugenio Raúl. *O Inimigo no Direito Penal*. 3ª ed. Rio de Janeiro: Revan, 2013.

[11] CANOTILHO, J.J. Gomes. *Direito Constitucional e Teoria da Constituição*. 7ª ed. Coimbra: Livraria Almedina, 1993.

[12] COMPARATO, Fábio Konder. *A Afirmação Histórica dos Direitos Humanos*. São Paulo: Saraiva, 1999.

[13] PIOVESAN, Flávia. *Direitos Humanos e Justiça Internacional*. 3ª ed. São Paulo: Saraiva, 2012a.

Globalmente, portanto, após os horrores vivenciados durante a 2ª Guerra Mundial, se delimitou uma pauta ética mínima a orientar a ordem internacional contemporânea.[14] Nessa feita, estabeleceu-se e invocou-se nos instrumentos internacionais de proteção dos direitos humanos, um feixe de direitos que deveriam restar válidos para todos os povos e em todos os tempos.[15] Tais direitos deveriam refletir um construído axiológico, a partir de um espaço simbólico de luta e ação social, compondo, assim, uma plataforma emancipatória, voltada à proteção e a preservação da dignidade humana.[16]

Não é sem razão, portanto, que Bobbio irá apontar para a historicidade dos direitos humanos, estes frutos do início da era moderna, que, acompanhados do individualismo, surgem gradualmente, não todos de uma vez e nem de uma vez por todas.[17]

E é a internacionalização dos direitos humanos, dessa forma, que vai operar na similitude existente entre as expressões "Direitos Humanos" e "Direitos Fundamentais", mormente se considerado o movimento de constitucionalização dos direitos humanos, também, pós-segunda Guerra Mundial. Aliás, a nossa Constituição Federal de 1988, nesse ponto, se caracteriza por trazer em seu bojo diversos termos ao referir-se aos direitos fundamentais, inclusive, entre eles, a expressão direitos humanos, ao menos é o que se infere do seu artigo 4°, inciso II.[18]

Mas, vale atentar para o que doutrina Ferrajoli,[19] no que tange à universalidade destes direitos, segundo ele, de caráter subjetivo, que corresponderiam a todos os seres humanos enquanto dotados de personalidade. Nesse sentido, também Comparato, para quem os direitos humanos são direitos universais e não localizados, ou diferenciais.[20]

Embora já tenha se afirmado da existência de similitude entre os termos "direitos humanos" e "direitos fundamentais", valemo-nos de Sarlet, nesse ponto, o qual distingue os direitos fundamentais como aqueles direitos do homem reconhecidos e positivados na esfera do direito constitucional de determinado Estado, sendo os direitos humanos aqueles direitos que guardariam relação com os documentos internacionais, por referir-se àquelas posições jurídicas que se reconhecem ao ser humano

---

[14] PIOVESAN, Flávia. *Direitos Humanos e Justiça Internacional*. 3ª ed. São Paulo: Saraiva, 2012a.

[15] CANOTILHO, J.J. Gomes. *Direito Constitucional e Teoria da Constituição*. 7ª ed. Coimbra: Livraria Almedina, 1993.

[16] PIOVESAN, Flávia. *Direitos Humanos e Justiça Internacional*. 3ª ed. São Paulo: Saraiva, 2012a.

[17] BOBBIO, Norberto. *A Era dos Direitos*. Nova ed. Rio de Janeiro: Elsevier, 2004.

[18] SARLET, Ingo Wolfgang. *A Eficácia dos Direitos Fundamentais*. 2ª ed. Porto Alegre: Livraria do Advogado, 2001.

[19] FERRAJOLI, Luigi. *Derechos y garantías. La ley del más débil*. Madri: Trotta, 1999.

[20] COMPARATO, Fábio Konder. *Fundamento dos Direitos Humanos*. Disponível em: <http://www.iea.usp.br/artigos>. Acesso em: 28 ago. 2013.

enquanto tal, independentemente de sua vinculação com determinada ordem constitucional, motivo pelo qual aspirariam à validade universal, revelando caráter supranacional.[21]

Nesse sentido, também é o pensamento de Weis, o qual compreende que os direitos humanos são aqueles correspondentes ao conteúdo das declarações e tratados internacionais sobre o tema, traduzindo os valores e as preocupações relacionados como fundamentais para a existência digna dos seres humanos e da humanidade.[22]

Por ora, tomemos por base e por conceituação de Direitos Humanos, para o presente, o caráter de validade universal destes mesmos direitos para todos os povos e em todos os tempos, fulcrando-se estes direitos na proteção do mínimo essencial ao pleno desenvolvimento da pessoa humana.

Para nós, por certo, a conceituação de Direitos Humanos encontra-se umbilicalmente vinculada à dignidade da pessoa humana, sendo que, ponderamos a dignidade, nesse ínterim, enquanto qualidade intrínseca da pessoa humana, constituindo esta em elemento que a qualifica e que não pode ser dela destacada, dado que irrenunciável e inalienável da própria condição humana.[23]

E, veja-se que a Constituição Federal de 1988 positiva um rol extensivo de Direitos Humanos, em seu artigo 5°, conferindo-lhes o título de Direitos Fundamentais, inclusive, nos termos do seu § 2°, alcançando outros decorrentes do regime, dos princípios por ela adotados, ou dos tratados internacionais dos quais seja parte. Logo, portanto, e, com mais razão, diante o disposto no seu artigo 1°, inciso III, possível também à vinculação dos Direitos Fundamentais à dignidade da pessoa humana.

É com esse propósito, portanto, que deve se dar o intento de relação entre Direito Penal, Constituição e Direitos Humanos e Fundamentais. E, chama-se atenção, em sendo assim, na esteira do que doutrina Giacomolli, para a necessidade premente de empreender-se na ordem jurídica contemporânea um "diálogo das fontes", "na perspectiva da simbiose e não da exclusão, permitindo a comunicação entre os sujeitos, às instituições além-fronteiras, de forma aberta e democrática, rejeitando-se os totalitarismos e imperialismos dominantes e de verdade única".[24]

---

[21] Cf. SARLET, Ingo Wolfgang. *A Eficácia dos Direitos Fundamentais.* 2ª ed. Porto Alegre: Livraria do Advogado, 2001.

[22] Cf. WEIS, Carlos. *Direitos Humanos Contemporâneos.* 2ª ed. 3ª tiragem. São Paulo: Malheiros, 2012.

[23] Cf. SARLET, Ingo Wolfgang. *Dignidade da Pessoa Humana e Direitos Fundamentais na Constituição Federal de 1988.* 8ª ed. Porto Alegre: Livraria do Advogado, 2010.

[24] GIACOMOLLI, Nereu José. *O Devido Processo Penal. Abordagem conforme a Constituição Federal e o Pacto de São José da Costa Rica.* São Paulo: Atlas, 2014, p. 33.

Motivo pelo qual se adentra na jurisdição internacional, mormente, no nosso caso, no domínio do Sistema Interamericano de Proteção dos Direitos Humanos. Vejamos, portanto.

3. Da jurisdição internacional:
o sistema interamericano de proteção dos Direitos Humanos

Pode-se afirmar que o Sistema Protetivo dos Direitos Humanos compõe-se pelo Sistema Global de Proteção dos Direitos Humanos, o qual se dá no âmbito da Organização das Nações Unidas – ONU –, inserindo-se nesse contexto a Carta da ONU de 1945, a Declaração Universal dos Direitos Humanos de 1948, o Pacto Internacional sobre Direitos Civis e Políticos de 1966 e o Estatuto de Roma do Tribunal Penal Internacional – TPI –, para além de outros documentos.[25]

Ainda, nessa contextura inserem-se os Sistemas Regionais de Proteção dos Direitos Humanos. Isso porque de forma complementar ao mecanismo global de proteção dos direitos humanos, surgiram, a partir de 1949, sistemas regionais com o mesmo fim, em um processo que se iniciou na Europa e teve seguimento nos continentes americano e africano.[26]

Segundo Piovesan,[27] os instrumentos internacionais formam um complexo conjunto de regras, que, por vezes, apresentam distintos destinatários. Esse universo de regras assume maior complexidade quando do acréscimo de outro componente: o geográfico-espacial.[28]

Dessa forma, a grande vantagem dos sistemas regionais consiste na maior probabilidade de se atingir um consenso, dado o número menor de países integrantes, bem como, porque na maioria das vezes, esses possuem maior afinidade regional. Além disso, a proximidade facilita o controle do cumprimento das obrigações e a imposição de sanções políticas para os casos de violações, o que demandaria, consequentemente, maior efetividade do direito internacional dos direitos humanos.[29]

---

[25] Cf. GIACOMOLLI, Nereu José. *O Devido Processo Penal. Abordagem conforme a Constituição Federal e o Pacto de São José da Costa Rica.* São Paulo: Atlas, 2014.

[26] Cf. CAPPELLARI, Mariana Py Muniz. *Os Direitos Humanos na Execução Penal e o Papel da Organização dos Estados Americanos (OEA).* Porto Alegre: Núria Fabris, 2014.

[27] Cf. PIOVESAN, Flávia. *Direitos humanos e o direito constitucional internacional.* 13ª ed. São Paulo: Saraiva, 2012b.

[28] Cf. CAPPELLARI, Mariana Py Muniz. *Os Direitos Humanos na Execução Penal e o Papel da Organização dos Estados Americanos (OEA).* Porto Alegre: Núria Fabris, 2014.

[29] CAPPELLARI, Mariana Py Muniz. *Os Direitos Humanos na Execução Penal e o Papel da Organização dos Estados Americanos (OEA).* Porto Alegre: Núria Fabris, 2014.

Atualmente, temos três principais sistemas regionais de proteção dos direitos humanos: o europeu, o interamericano e o africano. Adicionalmente, há um incipiente sistema árabe e a proposta de criação de um sistema regional asiático.[30]

Trabalharemos, no entanto, com o Sistema Interamericano de Proteção dos Direitos Humanos, pois, para além da necessidade de delimitação do objeto da presente pesquisa, trata-se do nosso Sistema Regional, dentro do qual estamos inseridos, inclusive, já tendo sido o Estado Brasileiro objeto de recomendações por parte da Comissão Interamericana e fruto de condenações advindas da Corte Interamericana. Além disso, tramita perante a Comissão, Representação no que tange as constantes e permanentes violações de direitos humanos no interior do Presídio Central de Porto Alegre, o que faremos referência na sequência, mormente quando tratarmos do ponto 05.

Pode-se dizer que o sistema interamericano de proteção dos direitos humanos encontra-se em estágio intermediário de evolução, nem tão à frente como o europeu (o mais antigo de todos), nem tão aquém como o africano, por ser o mais recente de todos os sistemas. É fato, também, que o continente americano trabalha com diversas desigualdades regionais, bem como com a reminiscência de ditaduras[31] e acentuadas violações de direitos humanos. Mas, por outro lado, deve-se considerar a evolução da jurisprudência da Corte, a qual introduziu algumas mudanças positivas no continente.[32]

Os primeiros passos para a formação do sistema interamericano se deu com a Carta da OEA e com a Declaração Americana dos Direitos e dos Deveres do Homem de Bogotá, de 1948, essa última base jurídica do sistema até a entrada em vigor da Convenção Americana de Direitos Humanos ou o chamado Pacto de San José da Costa Rica, em 1978, embora assinado em 1969. Somente Estados-Membros da OEA têm o direito

---

[30] PIOVESAN, Flávia. *Direitos Humanos e Justiça Internacional*. 3ª ed. São Paulo: Saraiva, 2012a.

[31] Cf. Piovesan (2012a, p. 125): "(...) Observa Thomas Buergenthal: "Em 1978, quando a Convenção Americana de Direitos Humanos entrou em vigor, muitos dos Estados da América Central e do Sul eram governados por Ditaduras, tanto de direita, como de esquerda. Dos 11 Estados partes da Convenção à época, menos da metade tinha governos eleitos democraticamente. A outra metade dos Estados havia ratificado a Convenção por diversas razões de natureza política. (...) Ao longo dos anos, contudo, houve uma mudança gradativa no regime político das Américas, tornando possível para o sistema interamericano de proteção dos direitos humanos ter uma importância cada vez maior. O fato de hoje quase a totalidade dos Estados latino-americanos na região, com exceção de Cuba, terem governos eleitos democraticamente tem produzido significativos avanços na situação dos direitos humanos nesses Estados. Estes Estados ratificaram a Convenção e reconheceram a competência jurisdicional da Corte" (prefácio de Thomas Buergenthal, in Jô M. Pasqualucci, The practice and procedure of the Inter-American Court on Human Rights, p. XV). (...)".

[32] CAPPELLARI, Mariana Py Muniz. *Os Direitos Humanos na Execução Penal e o Papel da Organização dos Estados Americanos (OEA)*. Porto Alegre: Núria Fabris, 2014.

de aderir à Convenção. Atualmente, a OEA conta com 35 Estados-Membros.[33]

A Convenção Americana reconhece e assegura um catálogo de direitos civis e políticos similar ao previsto no Pacto Internacional dos Direitos Civis e Políticos, tal como a Convenção Europeia de Direitos Humanos. Dentre os direitos por ela enunciados, destacam-se os seguintes: o direito à integridade pessoal e à liberdade pessoal; o direito à personalidade jurídica; o direito à vida; o direito a não ser submetido à escravidão; o direito a um julgamento justo; o direito à compensação em caso de erro judiciário; o direito à privacidade; o direito à liberdade de consciência e religião; o direito à liberdade de pensamento e expressão; o direito à resposta; o direito à liberdade de associação; o direito ao nome; o direito à nacionalidade; o direito à liberdade de movimento e residência; o direito de participar do governo; o direito à igualdade perante a lei; e o direito à proteção judicial.[34]

O Brasil ratificou a CADH, também conhecida como Pacto de São José da Costa Rica, através do Decreto Legislativo nº 27, de 28.5.1992, e a promulgou pelo Decreto Executivo nº 678, de 6.11.1992.[35]

A Convenção estabelece um aparato de monitoramento e implementação dos direitos que enuncia através de dois órgãos: a Comissão e a Corte Interamericana. A primeira, criada em 1959 e em funcionamento desde 1960, mesmo antes da entrada em vigor da Convenção, estende sua competência a todos os membros da OEA, no que diz com os direitos estatuídos na Declaração Americana dos Direitos e Deveres do Homem de Bogotá, de 1948. E, no que diz com a Convenção, a sua competência é obrigatória para todos os Estados-Partes do referido documento.[36]

Note-se que a Comissão foi criada em 1959, antes mesmo da Convenção, a qual se originou em 1969. Promover a observância e a proteção dos direitos humanos na América é a sua principal função. Cumpre-lhe, portanto, fazer recomendações aos governos dos Estados-Partes; preparar estudos e relatórios; solicitar informações aos governos dos Estados-Partes acerca das medidas adotadas por eles para implementação da Convenção; submeter relatório anual à Assembleia Geral da OEA; bem como analisar comunicações individuais encaminhadas por indiví-

---

[33] Ver OEA, 2013 *apud* CAPPELLARI, Mariana Py Muniz. *Os Direitos Humanos na Execução Penal e o Papel da Organização dos Estados Americanos (OEA)*. Porto Alegre: Núria Fabris, 2014.

[34] CAPPELLARI, Mariana Py Muniz. *Os Direitos Humanos na Execução Penal e o Papel da Organização dos Estados Americanos (OEA)*. Porto Alegre: Núria Fabris, 2014

[35] Cf. GIACOMOLLI, Nereu José. *O Devido Processo Penal. Abordagem conforme a Constituição Federal e o Pacto de São José da Costa Rica*. São Paulo: Atlas, 2014.

[36] Cf. CAPPELLARI, Mariana Py Muniz. *Os Direitos Humanos na Execução Penal e o Papel da Organização dos Estados Americanos (OEA)*. Porto Alegre: Núria Fabris, 2014.

duos ou ONGs de violação de direitos humanos por parte de um Estado--Membro.[37]

Sob a forma de cláusula facultativa está previsto o sistema de comunicações interestaduais, sendo que nos casos de gravidade e urgência a Comissão pode solicitar ao Estado que adote medidas cautelares (artigo 25 do Regulamento da Comissão), ou, ainda, solicitar à Corte medidas provisórias (artigo 74 do novo Regulamento). Nesse ponto, portanto, é que se encontra a Representação Caso PCPA.[38]

A Corte é o órgão jurisdicional do sistema regional interamericano. Também apresenta competência consultiva e contenciosa. No último caso, a Corte analisa os casos apresentados pela Comissão e/ou pelos Estados de possível violação de direitos humanos previstos na Convenção por parte de um Estado-Membro. Para tanto, faz-se necessário que esse tenha reconhecido a sua jurisdição.[39]

A Corte não substitui a atuação dos tribunais internos, acaso proferida decisão procedente, apenas responsabiliza o Estado e determina a reparação aos danos causados às vítimas. A decisão da Corte tem força jurídica vinculante e obrigatória, cabendo ao Estado cumpri-la. Diferentemente do sistema europeu, somente a Comissão e os Estados-Partes podem demandar perante a Corte, foco de crítica doutrinária, assim como a ausência de maiores sanções ao descumprimento por parte dos Estados-Membros das suas determinações.[40]

O Brasil reconheceu a jurisdição contenciosa e obrigatória da Corte Interamericana, através do Decreto-Legislativo nº 89, de 3.12.1998, emitindo a respectiva Carta de Reconhecimento e depositando-a na Organização dos Estados Americanos, com reserva de reciprocidade.[41]

Na contexto da Corte Interamericana de Direitos Humanos, podemos falar de quatro casos onde o Estado brasileiro restou condenado por violações de Direitos Humanos. A primeira condenação internacional do Estado brasileiro se deu no Caso Damião Ximenes Lopes de 2006, onde a Corte considerou violado o direito à vida, à integridade e as garantias judiciais, no que diz com a duração razoável do processo, bem como ao dever de se proceder à investigação efetiva das violações aos direitos humanos.[42]

---

[37] Cf. CAPPELLARI, Mariana Py Muniz. *Os Direitos Humanos na Execução Penal e o Papel da Organização dos Estados Americanos (OEA)*. Porto Alegre: Núria Fabris, 2014.

[38] *Ibidem*.

[39] *Ibidem*.

[40] *Ibidem*.

[41] *Ibidem*.

[42] *Ibidem*.

O Caso Garibaldi remonta ao ano de 2009, e, aqui, também, considerou a Corte a violação por parte do Estado brasileiro das garantias judiciais, exatamente no ponto condizente com a duração razoável do processo e ao dever de investigação efetiva das violações de direitos humanos. O Caso Escher e outros é também de 2009, mas, nesse contexto, a Corte entendeu que o Estado brasileiro teria violado o direito à vida privada, à honra e à reputação (art. 11 da CADH), além do direito à liberdade de associação (art. 16 da CADH) e os direitos e às garantias judiciais e à proteção judicial dos artigos 8.1 e 25 da CADH.[43]

Em 2010, então, temos o Caso Gomes Lund e outros, conhecido como "Guerrilha do Araguaia". O presente caso trata da responsabilidade do Brasil por detenções arbitrárias, tortura e desaparecimento forçado, como resultado de operações do exército brasileiro, realizadas entre 1972 e 1975, buscando pôr fim à Guerrilha do Araguaia, época da ditadura militar.[44] Na oportunidade, a Corte entendeu por bem condenar o Estado brasileiro por violações aos artigos 1.1, 2º, 3º, 4º, e 4.1, 5º, 7º, 8.1 e 25, todos da CADH.

Por fim, temos o Caso Maria da Penha, o qual se deu apenas no âmbito da Comissão Interamericana de Direitos Humanos, a qual entendeu violados os artigos 8º, 24 e 25 da CADH, e, na espécie, recomendou especificamente ao Estado brasileiro: capacitação policial e judicial; simplificação dos procedimentos e redução dos prazos processuais, sem prejuízo das garantias processuais; estabelecimento de formas alternativas às judiciais, rápidas e efetivas de solução de conflitos interfamiliares, bem como sensibilização acerca da gravidade e das consequências penais que gera; a multiplicação do número de delegacias especiais à defesa da mulher, dotando-as de recursos a tanto; a inclusão de unidades curriculares nos planos pedagógicos, destinadas à compreensão da importância do respeito à mulher e de seus direitos, entre outras.[45] Nesse ponto, ainda, e, como consequência, tem-se o surgimento da Lei nº 11.340/2006.

A importância de análise dos casos submetidos à Corte e a Comissão Interamericanas, na contextura da jurisdição internacional, revela-se sobremaneira indispensável, mormente quando se verifica ter o Estado brasileiro, conforme já referimos aderido à CADH (independente de trabalharmos aqui com a hierarquia dos tratados internacionais, mas adotando-se o disposto no artigo 5º, § 2º, da CF/88), reconhecendo a jurisdição da Corte Interamericana, logo, submetendo-se ao disposto nos artigos 1º e 2º da CADH, os quais lhe impõem a obrigação de respeitar

---

[43] Cf. GIACOMOLLI, Nereu José. *O Devido Processo Penal. Abordagem conforme a Constituição Federal e o Pacto de São José da Costa Rica*. São Paulo: Atlas, 2014.

[44] *Ibidem.*

[45] *Ibidem.*

os direitos estabelecidos na Convenção, para além do dever de adotar disposições de direito interno, acaso o exercício dos direitos e das liberdades reconhecidos pela Convenção, não estejam ainda garantidos por disposições legislativas ou de outra natureza.

Para além, portanto, do papel fundamental de afirmação dos direitos humanos, a Convenção Americana dá sustentação normativa ao sistema internacional e regional interamericano de proteção dos direitos humanos, tornando-se fonte do direito internacional e do direito interno dos Estados. A ratificação do referido instrumento causa diversos impactos, a começar pelo fato de que para a efetividade dos direitos e das liberdades consagrados na Convenção, não basta apenas reconhecê-los formalmente e assumir o compromisso de garanti-los, daí por que a própria Convenção estabelece mecanismos tendentes a assegurar a eficácia das suas normas, através da Comissão e da Corte Interamericana de Direitos Humanos.[46]

A Convenção Americana além de afirmar os direitos que enuncia, impõe ao Estado Parte que a ratifica o compromisso de assumir a obrigação de respeitar e assegurar os direitos humanos ali reconhecidos e protegidos. O referido instrumento, em assim sendo, atribui ao Estado um papel, portanto, de garante da efetivação destes direitos,[47] o que requer o concurso de todos os seus órgãos internos a tanto.[48]

Por isso, torna-se imperiosa a utilização não apenas dos tratados internacionais de proteção dos direitos humanos, no caso, a CADH, como fundamentação das decisões judiciais proferidas no âmbito interno, mas, também, dos precedentes desses órgãos internacionais, o que permite a efetivação de um diálogo conjunto na garantia dos direitos humanos fundamentais.

Passemos, então, a análise da jurisprudência da Corte Interamericana em matéria de privação de liberdade.

---

[46] Cf. CAPPELLARI, Mariana Py Muniz. *Os Direitos Humanos na Execução Penal e o Papel da Organização dos Estados Americanos (OEA)*. Porto Alegre: Núria Fabris, 2014.

[47] Conforme Arruda (*apud* MALHEIROS, Antônio Carlos; BACARIÇA, Josephina; VALIM, Rafael (Coord.). *Direitos humanos: desafios e perspectivas*. Belo Horizonte: Fórum, 2011, p. 27): "(...) Analisando-se o que consistiria a função de Estado garante, a Corte Interamericana de Direitos Humanos, na sentença proferida no caso Ximenes Lopes *versus* Brasil, invoca o disposto no art. 1º da Convenção Americana, ao estabelecer que o Estado deve reconhecer, respeitar e garantir os direitos e liberdades consagrados no Pacto de São José. E sustenta o art. 2º que, pelo mesmo motivo, deve ele remover os obstáculos que se oponham ao curso dessas faculdades e adotar medidas de natureza diversa para coloca-las efetivamente ao alcance de todas as pessoas. O Estado atua como garante dos direitos e liberdades dos que se acham sob sua jurisdição, porque assim dispõem as normas fundamentais internas – especialmente a Constituição Política – e assim decidem as disposições internacionais que amparam os direitos humanos. (...)".

[48] Cf. CAPPELLARI, Mariana Py Muniz. *Os Direitos Humanos na Execução Penal e o Papel da Organização dos Estados Americanos (OEA)*. Porto Alegre: Núria Fabris, 2014.

4. Da visão da Corte Interamericana de
Direitos Humanos em matéria de privação da liberdade

Em seu artigo 7º, a CADH assegura o direito à liberdade pessoal, impondo, para tanto, critérios que devem resultar atendidos quando da apreensão e da restrição da liberdade da pessoa, sob pena de revelar-se uma detenção ilegal. Nesse ponto, portanto, para além de assegurar o direito à liberdade e à segurança pessoais, a Corte delimita não ser suficiente que toda a causa de privação ou restrição da liberdade esteja consagrada em lei, mas, sim, que a referida lei e sua aplicação respeitem os direitos estabelecidos no âmbito da Convenção, tal como definiu no Caso Chaparro Álvarez (Corte, 2010).

Aduzindo para o fato de que ninguém pode ser submetido à detenção ou encarceramento arbitrário, determina a Corte como obrigações de caráter positivo a necessidade de se informar as razões da detenção, para além da notificação, sem demora, da acusação, e, ainda, a apresentação da pessoa detida, também sem demora, à presença de um Juiz ou de outra autoridade para exercer a respectiva função judicial. Nesse sentido, o Caso Juan Humberto Sánchez e López Álvarez (Corte, 2010).

Ainda, acentua o direito de se ser julgado dentro de um prazo razoável, ou, de ser posto em liberdade a tanto, pois, entre os princípios estabelecidos pela Corte para que a prisão preventiva seja legal, se encontra a razoabilidade de sua duração, sob pena de tornar-se meramente punitiva, com violação do Estado de Inocência. No Caso Suárez Rosero (Corte, 2010), a Corte assinalou em relação ao objetivo que tem o prazo razoável, que o princípio a que fazem referência os artigos 7.5 e 8.1 da Convenção tem como finalidade impedir que os acusados permaneçam longo tempo sob acusação, assegurando que esta se decida prontamente.

Também aponta a Corte para o direito de toda a pessoa privada de liberdade recorrer a um Juiz ou Tribunal competente, a fim de que este decida, sem demora, sobre a legalidade de sua prisão e ordene a sua soltura, acaso a prisão se revele ilegal. Aqui, portanto, e, com sustentação nas Opiniões Consultivas 8/87 e 9/87 (Corte, 2010), dispõem que a garantia do *habeas corpus* não é suscetível de suspensão, sequer durante a vigência de estados ou situações de emergência.

Em relação às condições e ao tratamento dispensado às pessoas que se encontram privadas de liberdade, as disposições da Convenção dizem com o estabelecido no seu artigo 5º.

De uma maneira geral, a Corte vem afirmando que apesar se possa entender que com a privação da liberdade de uma pessoa lesiona-se também a sua integridade pessoal, o certo é que o artigo 5º da CADH refere essencialmente que toda a pessoa privada de liberdade deve ser tratada com respeito à dignidade humana e não deve ser submetida à tortura, nem a penas cruéis, desumanas ou degradantes.[49]

Para o Tribunal, a infração ao direito de integridade física e psíquica, nos termos do artigo 5º da Convenção Americana, pode se dar de diversas formas, não só apenas por meio da tortura, mas, sim, diante a imposição de qualquer outro tipo de vexame ou tratamento cruel.[50]

É, dessa forma, portanto, que aos Estados recai uma obrigação específica de respeito às pessoas que permanecem sob a sua tutela. O artigo 5.2 da CADH aduz que toda pessoa privada de liberdade tem direito a viver em condições de detenção compatíveis com a sua dignidade pessoal e o Estado deve garantir o seu direito à vida e à integridade pessoal, tendo por obrigação procurar assegurar às pessoas privadas de liberdade as condições mínimas compatíveis com a sua dignidade.[51]

O Tribunal também considera que os Estados não podem alegar dificuldades econômicas para justificar condições de detenção que sejam tão pobres e que não respeitem a dignidade inerente ao ser humano. Em diversos Casos a Corte igualmente se pronunciou, concluindo que determinadas condições de detenção constituem tratos cruéis, desumanos e degradantes, de maneira que violariam os direitos consagrados nos artigos 5.1. 5.2 e 5.6 da CADH, em prejuízo da vítima.

Sinale-se que no que diz com a nossa realidade prisional, o Estado brasileiro já foi objeto de medidas provisionais deferidas pela Corte Interamericana, nos Casos Urso Branco e Araraquara, por exemplo. Tais Casos diziam evidentemente com a inexistência de condições estruturais dignas a abrigar as pessoas que se encontravam recolhidas pelo próprio Estado em estabelecimentos penitenciários, com privação de liberdade.

A Corte, por todas as vezes que reeditou estas medidas provisionais, até o seu levantamento, tratou de reiterar a necessidade não só de que o Estado tome as medidas necessárias a fim de proteger os reclusos que estão sob a sua tutela, mas também, de se abster na atuação de qualquer forma que vulnere de maneira injustificada a vida e a integridade pessoal das pessoas que se encontram em privação de liberdade.[52]

Nesse ponto, portanto, cumpre fazer referência a Representação Caso Presídio Central de Porto Alegre, a qual se encontra no âmbito da Comissão Interamericana de Direitos Humanos, e que busca, também, a

---

[49] Cf. CAPPELLARI, Mariana Py Muniz. *Os Direitos Humanos na Execução Penal e o Papel da Organização dos Estados Americanos (OEA)*. Porto Alegre: Núria Fabris, 2014.

[50] Ver Corte, 2010, *apud* CAPPELLARI, Mariana Py Muniz. *Os Direitos Humanos na Execução Penal e o Papel da Organização dos Estados Americanos (OEA)*. Porto Alegre: Núria Fabris, 2014.

[51] Cf. CAPPELLARI, Mariana Py Muniz. *Os Direitos Humanos na Execução Penal e o Papel da Organização dos Estados Americanos (OEA)*. Porto Alegre: Núria Fabris, 2014

[52] *Ibidem.*

responsabilização do Estado brasileiro, haja vista o esgotamento de todos os recursos internos, pelas violações de direitos humanos consequentemente fruto da estrutura do PCPA, assentando-se para tanto: na superlotação; nos alojamentos (precariedade); na perda do controle interno e domínio pelas facções; na estrutura do Presídio, diante o comprometimento da rede hidráulica e sanitária e na ausência de condições mínimas de higiene, além do comprometimento da rede elétrica e o risco imediato de incêndio; na precariedade de assistência à saúde; na assistência material sonegada; na revista e visitas íntimas; na ausência de condições de trabalho e estudo e demais instrumentos de reabilitação; bem como, nas condições de alimentação.[53]

A dissociação, portanto, do plano real, no que diz com as condições estruturais e a realidade da execução criminal da pena privativa de liberdade no Brasil, para com o plano 'ideal', diante o posicionamento da Corte Interamericana de Direitos Humanos, fulcrado na CADH, faz-nos refletir da impossibilidade não só de se conciliar os Direitos Humanos com a execução da pena privativa de liberdade, mas, sim, e, também, na inviabilidade de concretização dos discursos jurídicos de justificação da pena. Vejamos por quê.

5. Da falácia dos discursos jurídicos de justificação da pena diante da execução criminal da pena privativa de liberdade no Brasil

A descrição das condições e da estrutura dos estabelecimentos penitenciários brasileiros, mormente, no nosso caso, do PCPA, dá conta de que a pena de prisão faliu diante as suas justificativas racionais a título de finalidade, perpetuando, assim, e, por outro lado, a legitimação de um sistema deslegitimado, porque reprodutor de extrema violência, no dizer de Zaffaroni (1991), não havendo maneira a cumprir com seus propósitos, e, sinale-se que apenas estamos a abordar as condições e a estrutura física das Casas Prisionais, sem sequer se adentrar nos efeitos próprios da prisionização.[54]

---

[53] Cf. CAPPELLARI, Mariana Py Muniz. *Os Direitos Humanos na Execução Penal e o Papel da Organização dos Estados Americanos (OEA)*. Porto Alegre: Núria Fabris, 2014.

[54] Cf. BITENCOURT, Cezar Roberto. *Falência da Pena de Prisão. Causas e Alternativas.* 2ª ed. São Paulo: Saraiva, 2001. Para o autor, além do fator criminógeno da prisão, a prisionização possui diversos efeitos sobre o recluso, entre eles: sociológicos, psicológicos e sexuais. Conforme Publicação do XXIII Encontro Nacional CONPEDI/UFSC. Livro Direito Penal, Processo Penal e Constituição, p. 461-490. CAPPELLARI, Mariana Py Muniz. "O Aljube de 1856 e ao PCPA de 2013: Da Permanente Falência da Pena de Prisão". Disponível em: <http://publicadireito.com.br/publicacao/ufsc/livro.php?gt=200>. Acesso em: 02 ago. 2014.

Conforme aduz Carvalho,[55] as teorias de fundamentação das penas operam como discursos de racionalização do poder soberano, sobretudo porque o monopólio da coação legítima representa uma das principais conquistas da modernidade, se transformando, assim, o Estado na única fonte do "direito" à violência, uma vez que a pena se apresenta como um ato de violência programado pelo poder político e racionalizado pelo saber jurídico. E é dessa forma, portanto, que os discursos jurídicos de justificação da pena, sejam eles absolutos ou relativos, invariavelmente irão pretender naturalizar as consequências perversas e negativas da pena como realidade concreta.

É que as teorias absolutas da pena ou retributivistas se sustentam no modelo iluminista do contrato social, sendo o delito, dessa forma, percebido como uma ruptura com a obrigação contratual, revelando-se a pena uma indenização pelo mal praticado. Entretanto, a bem da verdade, verifica-se que as chamadas teorias absolutas ou retributivas da pena para além de não constituírem uma justificação da pena em si mesma, conforme Zaffaroni citado por Carvalho (2013, p. 59), elas acabam por estabelecer a estruturação da pena na vingança (o que para Carvalho seria questionável, mormente se lançarmos a pergunta se estaria o Estado autorizado a se vingar da pessoa humana, através do castigo imposto pela pena, em nome de um delito que gerou agressão a outrem), estando, por isso mesmo, ainda nas palavras de Zaffaroni, a serviço apenas da defesa social, tornando-se empiricamente impossível a demonstração do seu êxito, carecendo, assim, de cientificidade, por certo.[56]

No que diz respeito às chamadas teorias relativas, embora também tenham a pena por um mal necessário, distinguem-se das demais, haja vista assentarem a necessidade da pena na inibição da prática de novos fatos delitivos, dividindo-se em prevenção geral e especial, segundo Bitencourt (2001). A chamada prevenção geral negativa estabelece-se na dissuasão, pretendendo a intimidação dos indivíduos através da pena, o que, também, empiricamente não consegue ser demonstrado, a não ser, conforme expõe Carvalho (2013), nos estados de terror, com penas cruéis e indiscriminadas.[57]

Por outro lado, a prevenção especial positiva se centrará no indivíduo na tentativa de obtenção da sua reforma moral, revelando à pena um caráter de bondade, como se se tratasse de um remédio a curar todos

---

[55] CARVALHO, Salo de. *Penas e Medidas de Segurança no Direito Penal Brasileiro*. São Paulo: Saraiva, 2013, p. 40-41.

[56] CAPPELLARI, Mariana Py Muniz. "O Aljube de 1856 e ao PCPA de 2013: Da Permanente Falência da Pena de Prisão". Disponível em: <http://publicadireito.com.br/publicacao/ufsc/livro.php?gt=200>. Acesso em: 02 ago. 2014.

[57] *Ibidem*.

os males criminosos. Daí então advindo às políticas (re): ressocialização, reinserção, reeducação e outras. E é dessa forma que Carvalho (2013) vai fazer referência a um conjunto de abordagens críticas, no que tange à prevenção especial positiva, seja no âmbito jurídico-normativo, relacionado aos fundamentos da prevenção em si e à inadequação dos seus postulados na estrutura de um direito penal de garantias moldado pela Constituição Federal; seja no âmbito criminológico, acerca da incapacidade de o modelo correcionalista e de a instituição carcerária preservarem minimamente os direitos humanos dos condenados e cumprirem a finalidade ressocializadora.[58]

Dessa feita, é que a tão propalada e harmônica integração social do condenado, estabelecida na nossa lei de execução penal, já de saída se contradiz com a sua própria segregação, haja vista não se visualizar uma possível integração social mediante o isolamento total do indivíduo, que se dá ao menos durante o regime fechado de cumprimento de pena (até por que não podemos considerar o convívio com os demais presos como forma de inserção social, haja vista os efeitos apontados pela criminologia oriundos da prisionização, segundo Bitencourt (2001), sendo um deles a formação de um sistema social próprio e diverso daquele produzido "extramuros").[59]

Ainda assim, vale acentuar que o tratamento preventivo-especial imposto ao condenado, para além de fundar a execução penal numa lógica psiquiátrica, por não apresentar acordo sobre o conteúdo das metas de ressocialização, prolifera instrumentos de controle moral, referendando um verdadeiro direito penal do autor, vedado pela ótica constitucionalista, no que tange a preservação dos direitos fundamentais.[60]

Entretanto, os dados de encarceramento,[61] aliados às condições estruturais dos estabelecimentos prisionais, mormente do Presídio Central de Porto Alegre, nessa senda, este considerado pela Comissão Parlamentar de Inquérito da Câmara dos Deputados,[62] em 2009, a chamada CPI do Sistema Carcerário, como a masmorra do Século XXI, dão conta da total impossibilidade de concreção dos objetivos da execução criminal (no caso aqueles estabelecidos na Lei de Execução Penal, em seu artigo 1º),

---

[58] CAPPELLARI, Mariana Py Muniz. "O Aljube de 1856 e ao PCPA de 2013: Da Permanente Falência da Pena de Prisão". Disponível em: <http://publicadireito.com.br/publicacao/ufsc/livro.php?gt=200>. Acesso em: 02 ago. 2014.

[59] *Ibidem.*

[60] *Ibidem.*

[61] Conforme dados da SUSEPE – Superintendência dos Serviços Penitenciários do Estado do Rio Grande do Sul, em data de 09 de agosto de 2013, o PCPA contava com uma população carcerária de 4.591 presos. Disponível em: <http://www.susepe.rs.gov.br>. Acesso em: 05 set. 2013.

[62] Cf. Relatório da CPI do Sistema Carcerário. Brasil. Câmara dos Deputados. 2009. Disponível em: <bd.camara.gov.br/bd/bitstream/handle/.../2701/cpi_sistema_carcerario.pdf>. Acesso em: 06 ago. 2013.

independentemente do fato de se aliar a qualquer das chamadas teorias da pena, ou, de se ter presente demonstração por parte da criminologia crítica, no sentido da incapacidade de as instituições punitivas preservarem minimamente os direitos das pessoas encarceradas (Carvalho, 2013), até por que na ótica de Goffman (2001), efeito da prisionização é a mortificação do eu.[63]

Neste sentido, parece correto Carvalho (2013) identificar, assentado em David Sánchez Rubio, um processo de inversão ou reversão ideológica dos direitos humanos que consiste na implementação de técnicas de garantia dos direitos humanos que, em sua instrumentalização, viola direitos humanos.

Valendo, assim, transcrever as suas palavras, quando diz: "Em relação ao poder punitivo, este procedimento de inversão do significado de tutela dos direitos humanos fica bastante nítido se for possível "reconhecer que a pena sempre possuiu o caráter de um mal, ainda que se queira impor a favor do condenado".[64]

O PCPA, no caso, aqui, tomado como um dos exemplos revela dessa forma, diante as suas condições e estruturação, a falácia dos discursos de justificação da pena, ao menos no que tange as chamadas teorias absolutas e relativas, não só no âmbito normativo-jurídico, mas, principalmente, no que diz com o mundo dos fatos, o âmbito do empírico, da concretude, haja vista que estrutura e condição inumana, sem qualquer amparo e respeito à dignidade da pessoa humana, jamais autorizará qualquer justificativa ou fundamento racional que se queira dar à pena de prisão como posta. Tal situação, sim, serve à (re) legitimar o sistema, retroalimentando a reprodução de mais violência.[65]

Vale considerar que enquanto se pretender a racionalização de um fundamento à penalidade é apenas a mera revigoração do deslegitimo sistema penal seletivo que se alcançará. E legitimá-lo, enfim, conforme atentam Gloeckner e Amaral (2013, p. 67), "é potencializar os componentes arbitrários, em detrimento do estado de direito." É reforçar, diríamos, o discurso de defesa social em prejuízo mais uma vez dos direitos

---

[63] Cf. Relatório da CPI do Sistema Carcerário. Brasil. Câmara dos Deputados. 2009. Disponível em: <bd.camara.gov.br/bd/bitstream/handle/.../2701/cpi_sistema_carcerario.pdf>. Acesso em: 06 ago. 2013.

[64] CARVALHO, Salo de. *Penas e Medidas de Segurança no Direito Penal Brasileiro*. São Paulo: Saraiva, 2013, p. 42). Conforme Publicação do XXIII Encontro Nacional CONPEDI/UFSC. Livro Direito Penal, Processo Penal e Constituição, p. 461-490. CAPPELLARI, Mariana Py Muniz. "O Aljube de 1856 e ao PCPA de 2013: Da Permanente Falência da Pena de Prisão". Disponível em: <http://publicadireito.com.br/publicacao/ufsc/livro.php?gt=200>. Acesso em: 02 ago. 2014.

[65] *Ibidem*.

individuais e da pessoa humana, a quem o sistema deveria servir, e não o contrário.[66][67]

Não é por menos que o fenômeno da constatação da falência da pena de prisão não é de hoje, é permanente, é desde sempre.

6. Considerações finais

Tendo em vista o que resultou demonstrado ao longo do presente, podemos chegar a algumas considerações. Primeiramente, no sentido de que os Direitos Humanos e Fundamentais devem ser instrumentalizados como limites ao Direito Penal, haja vista que historicamente a expansão do Poder Punitivo é uma constante, daí advindo os consequentes massacres, conforme bem pontua Zaffaroni (1991).

Num segundo momento, acredita-se que a Jurisdição Internacional, na espécie, por intermédio do Sistema Interamericano de Proteção dos Direitos Humanos, nos revela a necessidade premente de um 'diálogo de fontes', como medida de fortalecimento dos Direitos Humanos e Fundamentais, tão caros a pessoa humana, bem como do próprio princípio do Estado de Direito.[68]

Por outro lado, a análise, ainda que concisa e superficial, no caso, dado o espaço de pesquisa, da jurisprudência da Corte Interamericana em matéria de privação de liberdade, desvela o desencontro entre a realidade posta e o texto internacional e, ainda, de direito interno, haja visa correspondência entre a Constituição Federal de 1988, em matéria de direitos fundamentais, com os tratados internacionais de direitos humanos, mormente, no caso, da Convenção Americana sobre Direitos Humanos.

Daí, então, advém à demonstração da falácia dos discursos jurídicos de justificação da pena na atualidade, haja vista que nenhum deles consegue lograr êxito na realização dos seus propósitos. Veja-se que embora a Convenção Americana sobre Direitos Humanos, em seu artigo 5.6, estabeleça que as penas privativas de liberdade devam ter por finalidade essencial a reforma e a readaptação social dos condenados, o que condu-

---

[66] CARVALHO, Salo de. *Penas e Medidas de Segurança no Direito Penal Brasileiro*. São Paulo: Saraiva, 2013, p. 42). Conforme Publicação do XXIII Encontro Nacional CONPEDI/UFSC. Livro Direito Penal, Processo Penal e Constituição, p. 461-490. CAPPELLARI, Mariana Py Muniz. "O Aljube de 1856 e ao PCPA de 2013: Da Permanente Falência da Pena de Prisão". Disponível em: <http://publicadireito.com.br/publicacao/ufsc/livro.php?gt=200>. Acesso em: 02 ago. 2014.

[67] PRANDO, Camila Cardoso de Mello. *O saber dos juristas e o controle penal: o debate doutrinário na Revista de Direito Penal (1933-1940) e a construção da legitimidade pela defesa social*. Rio de Janeiro: Revan, 2013.

[68] Cf. GIACOMOLLI, Nereu José. *O Devido Processo Penal. Abordagem conforme a Constituição Federal e o Pacto de São José da Costa Rica*. São Paulo: Atlas, 2014.

ziria ao discurso perpetrado pelas chamadas teorias relativas; tal não se sustenta na contemporaneidade, não só porque de antemão a lógica correcional viola direitos humanos, através da imposição de uma reforma, mas, também, porque a realidade (des)estrutural dos estabelecimentos carcerários impede que se pretenda validar esse discurso.

Parece-nos salutar, nessa ordem de ideias, o abandono das então finalidades da pena, buscando nas agências judiciais e executivas, mais uma vez se tendo por base os ensinamentos de Zaffaroni (1991), uma chamada aos pressupostos da teoria agnóstica[69] da pena, como tentativa de contenção da violência originária do sistema penal, em uma evidente política de redução de danos.[70]

Dessa forma, é primordial reconhecer-se tratar a pena de um mero ato de poder de explicação simplesmente política, o qual exerce eminentemente uma função de controle social, tratando-se, portanto, de fenômeno incancelável nas sociedades atuais, motivo pelo qual requer ser contido, em razão de sua pulsão violenta, segundo Carvalho (2013).[71] [72]

É que, com toda a evidência, a violência perpetrada pelo sistema penal vigente, visivelmente verificável na imposição de uma pena de prisão, quiçá, na forma empreendida no seu cumprimento, é constantemente revalidada pelos atores componentes deste mesmo sistema. A máquina, de forma metafórica, apenas se desenvolve por que as suas peças, os seus acionamentos, assim também se direcionam a tanto.

Diante disso, o primeiro passo é se perceber, enquanto ator do sistema, como parte integrante desta engrenagem, para que somente após esta percepção, possa se considerar alternativas ao rompimento da funcionalidade do sistema, ao menos que ainda o seja no âmbito de uma política de redução de danos, segundo Zaffaroni (1991), com o intuito de minimização da violência.

É que acreditamos que se realmente pretendemos vivenciar uma democracia, de forma substancial, urge fortalecer o que entendemos por direitos humanos. E o respeito e a preservação da dignidade da pessoa humana é medida primária neste contexto. Revelando-se o diálogo entre

---

[69] Conforme Gloeckner e Amaral (2013, p. 68): "(...) *Zaffaroni et al. Apostam num conceito ampliado de pena, condizente ao princípio de limitação do poder punitivo, pelo caminho diverso das funções. Por um lado, não concede função positiva a ela e, por outro, é "agnóstico" quanto à sua função, pois confessa não conhecê-la* (...)".

[70] Conforme Publicação do XXIII Encontro Nacional CONPEDI/UFSC. Livro Direito Penal, Processo Penal e Constituição, p. 461-490. CAPPELLARI, Mariana Py Muniz. "O Aljube de 1856 e ao PCPA de 2013: Da Permanente Falência da Pena de Prisão". Disponível em: <http://publicadireito.com.br/publicacao/ufsc/livro.php?gt=200>. Acesso em: 02 ago. 2014.

[71] *Ibidem.*

[72] Cf. GLOECKNER, Ricardo Jacobsen; AMARAL, Augusto Jobim do. *Criminologia e(m) crítica.* Porto Alegre: EDIPUCRS, 2013.

as Jurisdições de Direito Interno e Internacional (no nosso caso, o Sistema Interamericano de Proteção dos Direitos Humanos) imprescindível nesse ponto.

7. Referências bibliográficas

ADEPRGS. *Associação dos Defensores Públicos do Estado do Rio Grande do Sul.* Disponível em: <http://www.adpergs.org.br> Acesso em: 02 fev. 2013.

BITENCOURT, Cezar Roberto. *Falência da Pena de Prisão. Causas e Alternativas.* 2ª ed. São Paulo: Saraiva, 2001.

BOBBIO, Norberto. *A Era dos Direitos.* Nova ed. Rio de Janeiro: Elsevier, 2004.

BRASIL. Código de Processo Penal (1941). *Código de Processo Penal.* Brasília, DF: Senado Federal, 1941.

——. Constituição (1988). *Constituição da República Federativa do Brasil.* Brasília, DF: Senado Federal, 1988.

——. Lei nº 7.210, de 11 de julho de 1984. Institui a Lei de Execução Penal. *Diário Oficial da República Federativa do Brasil,* Brasília, DF, 11 jul. 1984. Disponível em: <http://www.planalto.gov.br/ccivil_03/leis/l7210.htn>. Acesso em: 06 set. 2013.

CANOTILHO, J.J. Gomes. *Direito Constitucional e Teoria da Constituição.* 7ª ed. Coimbra: Livraria Almedina, 1993.

COMPARATO, Fábio Konder. *A Afirmação Histórica dos Direitos Humanos.* São Paulo: Saraiva, 1999.

——. *Fundamento dos Direitos Humanos.* Disponível em: <http://www.iea.usp.br/artigos.> Acesso em: 28 ago. 2013.

CONPEDI. Conselho Nacional de Pesquisa e Pós-Graduação em Direito. XXIII Encontro Nacional CONPEDI/UFSC. Livro Direito Penal, Processo Penal e Constituição, p. 461-490. CAPPELLARI, Mariana Py Muniz. "O Aljube de 1856 e ao PCPA de 2013: Da Permanente Falência da Pena de Prisão". Disponível em: <http://publicadireito.com.br/publicacao/ufsc/livro.php?gt=200>. Acesso em: 02 ago. 2014.

CAPPELLARI, Mariana Py Muniz. Os Direitos Humanos na Execução Penal e o Papel da Organização dos Estados Americanos (OEA). Porto Alegre: Núria Fabris, 2014.

CARVALHO, Salo de. Penas e Medidas de Segurança no Direito Penal Brasileiro. São Paulo: Saraiva, 2013.

——. *Anti manual de Criminologia.* 5ª ed. São Paulo: Saraiva, 2013.

CORTE. Corte Interamericana de Direitos Humanos. Disponível em: <http://corteidh.or.cr/>. Acesso em: ago. 2013.

——. Análisis de La Jurisprudência de La Corte Interamericana de Derechos Humanos em Materia de Integridad Personal y Privación de Libertad. San José, C.R.: Corte IDH, 2010.

——. Documentos básicos em matéria de derechos humanos em el sistema interamericano. San José: IDH, 2011.

——. *Jurisprudência:* Personas privadas de libertad. San José: IDH, 2010.

COSTA, Leonardo Luiz de Figueiredo. *Limites Constitucionais do Direito Penal.* Rio de Janeiro: Lumen Juris, 2007.

CPI DO SISTEMA CARCERÁRIO. Brasil. Câmara dos Deputados. 2009. Disponível em: <http://bd.camara.gov.br/bd/bitstream/handle/.../2701/cpi_sistema_carcerario.pdf>. Acesso em: 06 de ago. 2013.

FELDENS, Luciano. *Direitos Fundamentais e Direito Penal. A Constituição Penal.* 2ª ed. Porto Alegre: Livraria do Advogado, 2012.

FERRAJOLI, Luigi. *Derechos y garantías. La ley del más débil.* Madri: Editorial Trotta, 1999.

GIACOMOLLI, Nereu José. O Devido Processo Penal. Abordagem conforme a Constituição Federal e o Pacto de São José da Costa Rica. São Paulo: Atlas, 2014.

GLOECKNER, Ricardo Jacobsen; AMARAL, Augusto Jobim do. *Criminologia e(m) crítica.* Porto Alegre: EDIPUCRS, 2013.

GOFFMAN, Erving. *Manicômios, Prisões e Conventos.* 7ª ed. São Paulo: Perspectiva, 2001.

GOMES, Luiz Flávio (Coord.). *Direito Penal. V.1. Introdução e princípios fundamentais.* São Paulo: Revista dos Tribunais, 2007.

MALHEIROS, Antônio Carlos; BACARIÇA, Josephina; VALIM, Rafael (Coord.). *Direitos humanos: desafios e perspectivas.* Belo Horizonte: Fórum, 2011.

PIOVESAN, Flávia. *Direitos Humanos e Justiça Internacional.* 3ª ed. São Paulo: Saraiva, 2012a.

———. *Direitos humanos e o direito constitucional internacional.* 13ª ed. São Paulo: Saraiva, 2012b.

PRANDO, Camila Cardoso de Mello. O saber dos juristas e o controle penal: o debate doutrinário na Revista de Direito Penal (1933-1940) e a construção da legitimidade pela defesa social. Rio de Janeiro: Revan, 2013.

SARLET, Ingo Wolfgang. *A Eficácia dos Direitos Fundamentais.* 2ª ed. Porto Alegre: Livraria do Advogado, 2001.

———. *Dignidade da Pessoa Humana e Direitos Fundamentais na Constituição Federal de 1988.* 8ª ed. Porto Alegre: Livraria do Advogado, 2010.

SUSEPE. *Superintendência dos Serviços Penitenciários do Estado do Rio Grande do Sul.* Disponível em: <http://www.susepe.rs.gov.br>. Acesso em: 05 set. 2013.

ZAFFARONI, Eugenio Raúl. *Em busca das penas perdidas.* Rio de Janeiro: Revan, 1991.

———. PIERANGELI, José Henrique. *Manual de Direito Penal Brasileiro. V. 1. Parte Geral.* 6ª ed. São Paulo: Revista dos Tribunais, 2006.

———. BATISTA, Nilo. *Direito Penal Brasileiro – I.* 4ª ed. Rio de Janeiro: Revan, 2013.

———. *O Inimigo no Direito Penal.* 3ª ed. Rio de Janeiro: Revan, 2013.

WEIS, Carlos. *Direitos Humanos Contemporâneos.* 2ª ed. 3ª tiragem. São Paulo: Malheiros, 2012.

Impressão:
Evangraf
Rua Waldomiro Schapke, 77 - POA/RS
Fone: (51) 3336.2466 - (51) 3336.0422
E-mail: evangraf.adm@terra.com.br